忙しいママのための七田《しちだ》式「自分で学ぶ子」の育て方

SHICHIDA KO 七田 厚

幻冬舎MC

忙しいママのための
七田式
「自分で学ぶ子」の育て方

はじめに

あれほど生まれてくることを待ち望んで、ようやく腕に抱いた我が子。

最初のうちは生まれてきてくれたことにただただ感謝し、小さなことができるようになっただけでも大喜びしていたのに、子供が成長するにつれて「これができない」「あれができない」と多くを求めるようになってしまった……。成長の速度は子供によって違うのに、周りの子供やきょうだいと比較して勝手に焦り、ついつい子供に怒りをぶつけてしまう……。

そして、そんな自分を責めてしまうママも多いかもしれません。

子育ては本当に大変な仕事です。その日その日をやり過ごすだけでも精一杯なのに、5年後、10年後といった子供の将来も同時に考えなければならないからです。

特に、これだけ情報があふれ、周囲の子育ての様子が簡単に目に入ってくる昨今、「うちのやり方で大丈夫なのかな」「もっと頑張らないとまずいのでは?」と不安になってしまう人も多いのではないでしょうか。

こうした不安にはいくつかの背景があります。

その一つとして挙げられるのが、共働き家庭の増加です。20年くらい前までは、共働きの妻と専業主婦の割合は「3：7」でしたが、2018年現在では「7：3」と、その割合は逆転しています。それだけ、働きながら子育てをしている人が増えているということです。

共働きママの一番の悩みは、「子供と一緒にいる時間がとれない」ということ。子供に良い教育をしたい、ちゃんと子育てをしたいと思っているのに、仕事を持っていると圧倒的に時間が足りません。そのため罪悪感を抱き、余計な不安を抱えてしまいます。

さらに、「子育ての責任は自分にある」と無意識に感じている人もいるでしょう。実際に夫から「子育てはお前に任せた」と言われている人も少なくありません。そのため、子供の成長度合いは「自分の母親としての成績」などと思い込んでしまうのです。そのプレッシャーは並大抵のものではありません。

こういった不安から、我が子の人生のレールを必死で作り上げようと頑張りすぎるママもいます。しかしそれは「挑戦する意欲」や「失敗から学ぶ力」を子供から奪うこととなり、自立を阻む原因ともなりかねません。

子育ての難しさは、「自分が頑張るだけでは成果が出ない」ところにあります。これが仕事や家事であれば、自分が頑張りさえすればある程度の成果は出せるでしょう。しかし、子育てはそうではありません。自分が頑張れば頑張るほど、子供が言うことを聞かなくなったり、わざと親の困ることをしてみたり……と空回りしがちです。

よく言われることですが、「～しなさい！」という声かけは、子供のやる気を失わせる、最たるものです。しかし、他の方法を知らないママたちは今この瞬間にも「～しなさい！」と声を荒らげています。これでは子供の反発を招くばかりです。

子育てには、しっかり押さえておくべき「ポイント」、そして「程度」があります。忙しいママであればそのポイントを押さえ、最低限その程度に見合うようにする。一方、つきっきりになってしまうママであれば、そのポイント以外は子供の自由にさせ、程度が過ぎるなら控えてみる――そういった塩梅が必要です。

特に、初めての子育てならば、ポイントや程度がなかなかわからないのは当然のこと。だから多くの親たちが悩みながら子育てをしているのです。

私は、父が立ち上げた七田式を引き継いでから30年以上、教育の現場でたくさんのママとそのお子さんの成長を見守ってきました。その間、自分自身も男の子2人、女の子1人の子育てをしながら、子育ての大変さと素晴らしさを皆さんと一緒に経験してきました。その中で七田式の教育メソッドを確立し、日本だけでなく世界へも少しずつ広げています。

そして現在は多くの人に子育てのヒントを伝えるため、全国各地で子育てのセミナーを開き、ママたちの相談にも乗っています。時代とともに変わっていく子育てと日々向き合い、研究を続ける毎日です。

七田式について、「頭のいい子を育てるんでしょ？」「早期英才教育ですよね？」とよく言われますが、決してそれが目的ではありません。

七田式教育を通して私が目指しているのは、「自分で学ぶ子を育てる」ということです。一から十まで子供に教えて知識を詰め込んでいくのではなく、「親が子供のやる気や能力を引き出す環境をつくり、子供が自ら学んでいくこと」を目指して、教育を展開しています。もちろん、子供たちが自ら学ぶようになるので、結果として「頭のいい子」に育つことも少なくありません。

本書では、ママがしてしまいがちな、子育てを難しくするいくつかのことについてお話しした後、今日からでも実践できる七田式の子育てルールとして、「ポイント」と「程度」をまとめています。親が子供と具体的にどのように関わっていけばいいのか——という七田式教育のエッセンスを盛り込んであり、「自ら学ぶ子に育てたい」と願う親御さんにとって、子育てのヒントとなるはずです。また、本書の最後には今まで私のもとに寄せられた疑問を「ママの不安に答えるQ＆A」としてまとめました。


子供が自主的に行動し、学ぶようになると、子育てはそれまでよりずっと楽に、そしてずっと楽しくなります。単に子育ての負担が軽減されるだけでなく、お子さん自らの成長にもつながるのです。

本書によって子育てに悩む多くのママが少しでも楽になり、子育てを楽しめるようになったら、そしてお子さんがのびのびと成長してくれたら、著者としてこれほど嬉しいことはありません。

2018年9月

七田厚

目次

第1章

本当に子供のためになっている？
ママがよくやってしまう子育て「あるある」

つい、子供にスマホを与えてしまう

街を歩いていると、スマホを子守がわりに使っているママをよく見かけます。スマホを当たり前に使いながら育ってきた世代がママになり始めた現在、小さなお子さんにスマホを持たせることに抵抗がない方もいるのかもしれません。

一方で、スマホの扱いに困っている方が多いのも実情です。実際私のところに寄せられる質問でも、最近はスマホ関連のことが非常に増えてきています。

子育てというのはいつの時代も、自分の親が見本です。自分の親がどのように子育てをしてきたかというのが、「育てられた側」であったとはいえ、唯一の経験となるからです。生活習慣や食習慣など、私たちは無意識のうちに、自分の親の背中をなぞっているものです。

スマホに関していえば、皆が使うようになったのはここ10年ほどのこと。歴史が浅いため、自分が子供のときに親がそれをどのように使っていたか、というお手本がないのです。ですからこんなに悩んでしまうのですね。

また、悩んでしまうもう一つの理由は、「漠然とした不安」があるからではないでしょうか？「脳に悪い影響は出ないかしら？」「スマホに子守をさせて大丈夫かしら？」小さなお子さんにスマホを渡すとき、もしかするとそんな不安が一瞬頭をよぎるのではないですか？

このような不安に対する現在の答えは「まだはっきりはわからない」です。なぜなら、小さい頃からスマホを日常的に使っていた幼児が大人になるのはこれから。あと数年後、十数年後に、「スマホを使っていた幼児と使っていなかった幼児の脳の発達の違い」などに関する研究結果が出てくるかもしれませんが、現時点ではそれはまだわかっていません。

とはいえ、スマホの電磁波が脳に悪い影響を与えるであろうことは、少しずつ言われ始めています。スマホで会話するときには、私たちは直接耳にスマホを当てます。

つまり脳に非常に近い場所で電磁波を発する機器を使うことになるのです。

子供の脳というのは、大人と違って防御壁がまだ完全には構築されていません。ですから、大人には平気なことであっても、子供は被害を受けてしまうということは十分にあり得るのです。「子供の脳は大人の10倍の電磁波を吸収する」とする研究もありますから、私たち親はやはり十分に注意をしていかなければなりません。

脳科学者の加藤俊徳博士によると、スマホの弊害は「視線の固定」にあるといいます。私たちはスマホを見ているとき、視線を一点に固定しています。画面のほうが動いてくれるために、視線を対象物に合わせて移動する必要がないのです。そうなると、脳の刺激される部位が非常に限られてしまうそうです。

赤ちゃんや子供は、五感を通じて脳に刺激を与え、脳を発達させていきます。目で見る（視覚）、耳で聞く（聴覚）、ものに触る・肌で感じる（触覚）・においを嗅ぐ（臭覚）、味を感じる（味覚）。これらの感覚すべてが、脳を育てることになるのです。スマホの画面の中のりんごが転がる映像も、子供は喜ぶかもしれません。しかし、脳への刺激は視覚情報のみ。しかも視線が固定された状態では、その刺激も限定的なものになるでしょう。

もし、実際のリンゴに触れ、匂いを嗅いで、食べれば、五感すべてを使って脳に刺激を与えることができます。リンゴの皮の色や艶、食べたときのシャリッという音や甘酸っぱい味とちょっとツンとくる香り。すべての五感の情報が互いに連携し合い、脳を育ててくれるのです。脳へ伝わる情報量の多さにおいて、実物に敵うものはありません。


また、スマホは母と子の親密な時間を奪っていることもあります。スマホを見ながら授乳している……。そんな話を聞いたこともあります。授乳というのは、母乳であれ、ミルクであれ、物質的におっぱいをあげればいいというものではありません。この時間は、子供の顔を見ながら「すくすく育ってね」「毎日元気でいてね」といった、母親の思いを伝える大切な時間でもあるのです。心を通わせる時間なのです。

スマホはちょっと横に置いて、お子さんの顔を見ながら授乳する。そんな当たり前のことだけで、親子の絆はぐっと深まるものなのです。

絵本作家のぶみさんの描かれた『ママのスマホになりたい』という絵本は、シンガポールの小学生が書いた実際の作文が元になっています。「スマホばかり見ているママ。もっと僕のこと見てよ……」。そんな悲しくも強い思いが伝わってきます。

電磁波がどのくらい子供の脳に悪影響を与えるのかは、まだはっきりとはわかりません。しかし大きなリスクがありそうだと感じているなら、わざわざ使わせることはないはずです。そしてそれと同じくらいに深刻なのが、スマホによって母と子の親密な時間が損なわれることなのです。

流行りのタブレット学習をさせている

3歳頃になると子供たちはかくことに興味を持ち始めます。僕もかきたい、私もかきたいと、紙にぐるぐると丸をかいたり、文字らしいものをかいたりし始めるかもしれません。

紙に鉛筆や色鉛筆で文字や絵をかくことは、私たちが思っている以上に脳と手先の訓練になります。

そのような中、私が一番重要視しているのが筆圧です。

鉛筆を持ち始めたばかりの子はよく、強くかきすぎて紙を破いたり、鉛筆の芯を折ったりしてしまうものです。色鉛筆などでは、色が薄すぎるということもあります。これは筆圧が強すぎたり、弱すぎたりするためです。だんだん鉛筆を使い慣れてくると、ちょうど良い筆圧がわかってきますから、それをコントロールすることができるようになります。「紙を破かないような強さでかこう」「もっと強く塗って、色を濃くしよう」といったように、頭と手先を連動させて、文字や絵をかくことができるようになるのです。鉛筆で脳と手先の連動を学び、訓練することができるのですね。

ですから、お子さんが何かをかきはじめた最初の段階では、水性ペンやクレヨンよりも、筆圧を学ぶことができる鉛筆や色鉛筆のほうがいいでしょう。


タブレット学習において私が不安に思っているのが、この筆圧です。タブレットでは筆圧を学ぶことができません。やさしく指やペンでなぞれば、液晶画面に線が表示されますから、筆圧を考えながらかくという必要がそもそもないからです。

私が子供の頃は、小学校ではBの鉛筆を使っていたものですが、最近の子供たちはもっと柔らかい2Bや3B・4Bを使っている子も多いのです。筆圧が弱すぎるため、Bでは濃い文字が書けないからです。

筆圧が弱いのは、全体的な握力（筋力）の低下に伴ってのことかもしれません。

文部科学省の調査によると、握力に関していえば平成4年頃から低下傾向にあり、特に男子はその平均値を大きく下げています。握る力が弱ければ、ものを書くことにとどまらず、日常の動作やスポーツなどにも影響を及ぼします。

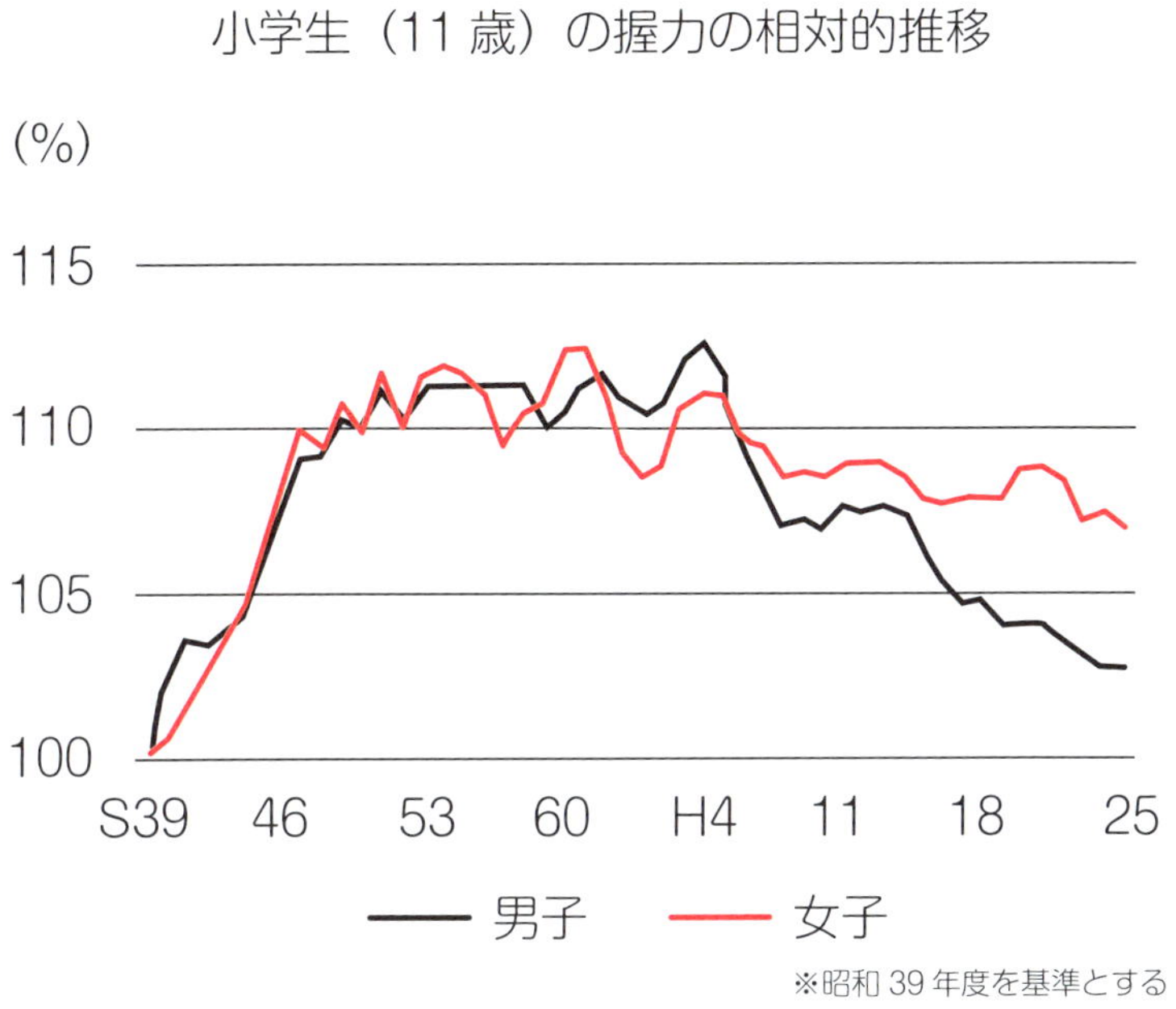

「タブレット学習を始めよう」と考えたときには、まず、お子さんの筆圧が十分にあるかを確認してからスタートすると良いでしょう。調べる方法は簡単です。宅配便などの複写式の伝票に記入して、一番下まできちんと写ったらＯＫです。このくらいの筆圧になるまでは、タブレット学習は少し待ったほうが良いでしょう。

機械音で勉強させることの悪影響

私たちの周りには、機械音があふれています。

最近では「話すおもちゃ」も周りにたくさんありますし、テレビやDVDなどスピーカーを通した音を当たり前のように聞いています。音楽などは生で聴く機会よりも、スマホなどで聴くほうが多くなっているかもしれません。

しかし、生の音と機械音は別物です。機械音にしか反応しないという特徴を見せる、音に非常に敏感な自閉症の子がいます。それだけ、生の音と機械音に違いがあるということです。

小さい頃から機械音ばかりで子育てをすると、子供が脳への刺激の多い生の音に触れる機会が大きく失われてしまいます。赤ちゃんの聴覚の発達は早く、生後その能力を驚くべきスピードで伸ばしていきます。この頃の聴覚からの刺激は非常に重要なため、どれだけ言語を含んだたくさんの音や音楽を聞かせることができるかは、子供のその後の成長に影響を及ぼすのです。「子供は5歳までに聞いていない音には慣れることができない」ともいわれますから、できるだけ、生の音を聞かせる機会を設けたいものです。

「小さな子を連れて、クラシックコンサートなんかに行けない」などと、難しく考える必要はありません。一番の生の音は、母親の肉声です。お腹の中でも感じていた、聞いていた声を、生まれてからは直接語りかけてください。赤ちゃんは、私たちが想像する以上に、いろいろなことがわかっています。「わからないから」と話しかけないのではなく、「わかる」と思って話しかけてください。実際に赤ちゃんは多くのことを私たちの語りかけから理解しているものです。

私たちの肉声には、想像する以上に情報が詰まっています。言葉自体はわからなくても、赤ちゃんは相手の感情を肉声から受け取っています。ほめられている、怒られている、教えてもらっているなど、相手がどんなことを伝えたいかだけでなく、声色から微妙な感情の機微を感じ取ってもいるのです。

狼に育てられた子は狼の言葉を理解するように、機械音を中心に育てられれば、機械音にしか反応できなくなるかもしれません。それは後に、人間関係を築く上で、大きなハードルとなってしまいます。

また、肉声であれば、同時に愛情を伝えることができます。童謡を聞かせるにしても、CDよりはママが歌ってあげたほうが子供はうれしいのです。そこには愛情があるからです。もちろん英語の歌など、自分では歌えない、ということもあるでしょう。そんなときには、そばにいてあげることが大切です。CDの歌に合わせて、ママも一緒に口ずさんでみるのもいいですね。CDの流しっぱなし、DVDの見せっぱなしは、なるべくしないようにして、もしするにしても、1日1時間以内など時間を決めて行いましょう。

一番の生の音、それはママやパパの肉声です。ぜひたくさん声をかけてあげてください。

子供の言うことを、つい聞いてしまう

私が子供の頃、我が家には次のような標語が貼ってありました。

「わがまま　いじわる　うそ　はんこう（反抗）」

これは「七田家の四つのルール」。

ある日、父と母が子供たちを呼んで、次のように言いました。「お父さんとお母さんは、あなたたちがこのお約束に反したときだけ叱ります。これに当てはまらないときは、叱らないから」。

実はこのような基準がないと、父親と母親で叱るポイントが違ったり、気分次第になってしまったりするものなのです。皆さんもご経験があるかと思います。子供が「お

風呂に入りたくない」と言ってぐずったとき、昨日は叱らなかったのに、今日はなぜだかひどく叱ってしまった。親も人間ですから、機嫌がいいときには叱らずにいられることでも、機嫌が悪いとつい声を荒らげてしまうことがあるものです。

しかし、それでは子供は困ってしまいます。どんなときに叱られるかというのは、大きな目で見れば子供に善悪を教えることにもつながります。その基準が曖昧では、何をしたら叱られるのか、一向に子供はわかりませんから、いつまでも同じことを繰り返すことになってしまうのです。

実際このルールは、子供だった私にとってもありがたいものでした。なぜなら、何をしたら叱られるか、ちょっと考えればわかったからです。例えば、お菓子を独り占めするのは、「わがままだし、いじわる」だからしてはいけない。「はみがきした？」と聞かれて、していないのに「したよ」というのは「うそ」だからダメ、などです。

子供にものをせがまれたときにも、この基準を使うことができます。

スーパーなどで大声で「お菓子買って‼」と言われると、面倒なのでつい買ってしまうという方も多いでしょう。しかしこの基準を用いれば、「昨日も買ったからそれは『わがまま』だよ」と言うことができます。久しく買ってあげていなければ「久しぶりだから買ってあげるね」と言うこともできますね。子供も「なぜ買ってもらえないのか・買ってもらえるのか」という基準がわかってくるため、あまり無茶なことは言わなくなります。

お菓子の件でもそうですが、「頻度」は一定の「ものさし」となります。つまり「程度」です。

毎回せがまれたらお菓子を買う、というのは明らかに頻度が高い。一方、5回に1回くらいであれば、適切な頻度など。ご家庭によってこの頻度の違いはあっていいと思いますが、頻度をものさしにすると、自分が子供のいいなりになりすぎていないかどうか見当がつくようになります。

おもちゃを買うにしても、お誕生日だけという家もあれば、わりとすぐに買ってあげるという家もあります。そこはその家なりのルールや親の考え方がありますから、何が一概に正解とはいえないのですが、そのルールを夫婦間、できれば親子間でも共有しておくといいでしょう。タイミングによって買ってもらえるかどうかが決まるというのでは、子供はいつも親の顔色をうかがっていなければなりません。

また、夫婦間の平和にも役立ちます。世の中のママたちは「私ばかり叱る役。パパはずるい！」と感じています。ふだん子供と一緒にいるママのほうが、たいていの場合叱る基準が厳しく、叱ることも多くなります。そんなときに、何か基準があれば、「これは基準に当てはまらないから叱らずにおこう」と思えたり、「これは基準に当てはまるから、パパもちゃんと叱って」と伝えたりすることができます。

「七田家の四つのルール」とは違っても、もちろんかまいません。ぜひ、ご自身の家でのルールを、夫婦で話し合ってみてください。

子供にあやまれない

「上のお子さんが3歳になりました。ママとして、何歳になりましたか?」

答えは、3歳です。一人目のお子さんが3歳なのであれば、ママとしてもまだ3年ということ。ですから、子育てが思い通りにいかないなどと、悩む必要はないのです。子供が成人へ向けて成長していくように、親も親として、子供に成長させてもらっています。ですから、失敗することがあっても、うまくいかないことがあっても、当たり前なのです。

ですから「今日は言いすぎてしまった」「ひどく叱りすぎた」「思わず叩いてしまった」。そんなときもあるでしょう。

そんなときには、ぜひお子さんにあやまってください。「言いすぎて、ごめんね」と。

一方で「親が子供にあやまるなんてとんでもない」「それでは示しがつかない」という考えを持っている方も多いものです。しかし、本当にそうでしょうか?

実は、親御さんにあやまってもらうという経験をした子供は、自分が悪いことをしたと思ったときに、人にあやまることができるようになります。子供にとっては、あらゆることにおいて親が見本です。人とのコミュニケーションの方法もその一つ。親のコミュニケーションの方法を真似ながら、周囲との関わり方を学んでいくのです。

ですから「ごめんね」と言えるかどうかは、言ってもらったことがあるかどうかに、関わってきます。時々「うちの子はなかなか人にあやまれなくて困ります」という相談を受けることがあるのですが、もしかすると親御さん自身が、子供にあやまったことがないのかもしれません。皆さんはどうでしょうか。

自分が子供に強くあたってしまったときに、きちんと子供にあやまることができれば、それがまるごと子供への教育になります。親にあやまってもらったという経験は、親御さんが思う以上に、実は子供のためになるのです。

●第1章　本当に子供のためになっている？　ママがよくやってしまう子育て「あるある」

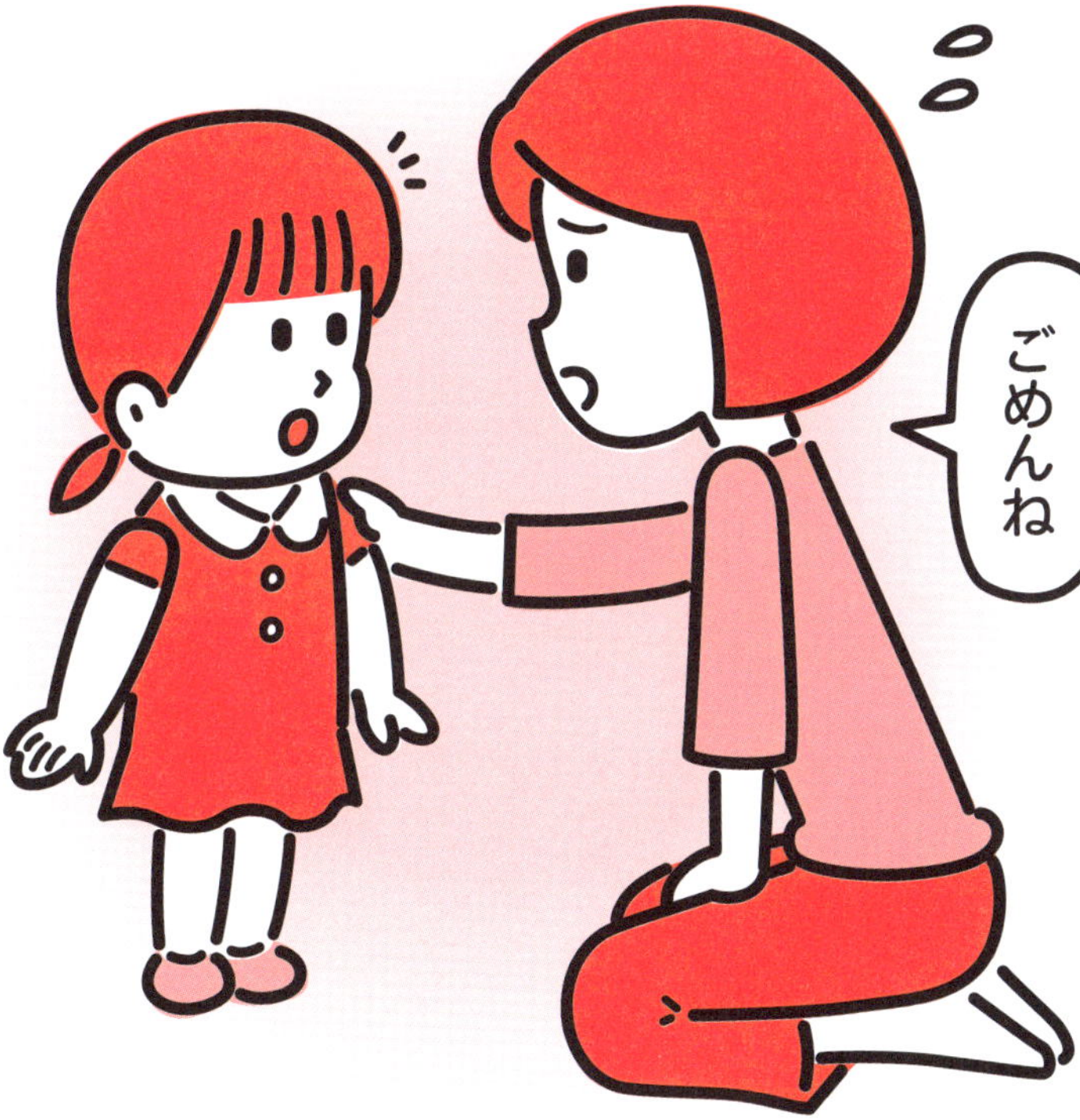

できない約束をしてしまう

私は子供たちが小さい頃、寝る前にいつも絵本を3冊読み聞かせるのを習慣にしていました。しかし、寝る時間が遅くなってしまったときには、「今日は2冊だけだよ」と約束をしてから、読み聞かせを始めます。2冊読み終わったところで、子供たちは「もう1冊！」とせがんできます。私もつい読んであげたくなってしまうのですが、ここで「じゃあ……」と言ってしまうと、子供たちは「お父さんはお願いすればいつでも言うことを聞いてくれる」ということを学んでしまいます。ですから心を鬼にして、「2冊ってお約束したからね。また明日読んであげるね」と言って切り上げていました。

「パパは、ママは、お願いすれば自分の言うことを聞いてくれる」と知れば、子供はいつでも甘えて、駄々をこねるようになります。これは当たり前のことです。子供というのは赤ちゃんの頃から、泣けばおっぱいがもらえる、オムツを替えてもらえるといったように、自分がどのように行動すれば親が動いてくれるのかを、学びながら成長するからです。そうでなければ、非力な赤ちゃんは生きていくことができません。

ですから、一度約束したらそれは守る、守らせるという一貫した態度を示しておく必要があるのです。「言ってもダメだ」ということに気がつけば、子供はわがままを言わなくなります。子育てはそのほうがずっと楽なはずです。

ほとんどの親が守っていない約束もあります。

「もう、夕飯抜きだからね！」

「ゲームを捨てるよ！」

例えばこんな約束です。ママ自身は約束をしているつもりはないかもしれませんが、このような「マイナスの口約束」は、子供を叱るときによく使われています。しかし、子供もこの約束が守られないことはわかっていますから、実際には全くといっていいほど、効果はありません。ママたちも守るつもりはありませんから（本当に夕食を抜いたらネグレクトになってしまいます）、「どうせ口だけでしょ」と思われても仕方ありません。

私はママたちに、

「できない約束はしない。約束をしたら、絶対守る」

ということを、徹底してほしいとお願いしています。「今晩絵本を読んであげる」と言ったら、必ず読んであげる。しかし、バタバタな夜の家事の中で時間がなくなってくると、「今日は遅いから、もう寝たほうがいい」などといって、簡単に約束をなかったことにしてしまいます。これではいけません。親が約束を守らなければ、子供だって守ってくれるようにはならないものです。

できることなら、仕事の締め切りと同じレベルの真剣さで、お子さんとの約束も守ってください。もしくは、自分のお子さんとした約束を、「自分の上司のお子さんとした約束である」、と考えてみるのもいいでしょう。それなら絶対に守れそうですよね。

小さな約束も、大きな約束も同じです。このように考えると、簡単には約束できないということがわかるはずです。

とはいえ、どうしても守れないということもあります。そんなときには、その場で次の約束をしてください。「ごめんね。明日お仕事が入って、動物園に行けなくなっちゃったの。次の土曜日は絶対に行くからね」。そしてこの約束は必ず守ります。2回目の約束を裏切られると、子供はもう信用してくれなくなってしまいますから。

考えてみれば、「約束を守る」というのは、人間関係の基本です。それを簡単に破ってしまうというのは、心のどこかで「子供だから大丈夫」と思っているということです。実は、親が子供に甘えているのです。

勉強の仕方を、塾に丸投げしている

最近では塾から「親御さんは勉強をみないでください」と指示されることもあるようで、言われるがままに塾に丸投げという方も多いようです。もちろん細かい問題の解き方などは、塾に任せていいと思いますが、そもそもの勉強への取り組み方については、やはり親が関わるべきでしょう。

上の息子が中学1年生のときのことです。期末試験を控えた息子が、パパッと数学の勉強を終わらせていたので、「えらく早いな」と思い、「ちょっとノートを見せてくれる？」と頼みました。息子は「この4ページがテスト範囲だから、ここをやったよ」と言ってノートを渡してくれました。見ると、ところどころ解いていない問題や、間違っているところがある。要するに答え合わせをしていないのですね。ただ問題を解いただけだったのです。そこで「これって、勉強前と後で、何か身についたことがあるかな？」と聞き、「自分で勉強をするというのは、答え合わせも自分でして、間違っていたらどこが間違っていたのかを解答を読みながら考えたり、先生に質問したりして理解しないと勉強にならないよ」と話しました。つまり、息子は勉強の仕方がわかっていなかったのです。

周りに話を聞くと、こういう子は結構多いようです。バツがつくのが嫌だから答え合わせをしない、どんどん先に進みたいから間違った問題はやり直さない。これは勉強ではありません。親は子供に解法そのものを教える必要はありませんが、この勉強の仕方だけは教えてほしいと思います。

小さな子や小学校の低学年くらいまでの子供の場合、バツをつけられることを極端に嫌がることがあります。そんなときには、丸だけをあげるようにしましょう。正解のところに丸をつけて、間違っているところは「この問題はこんなふうに解くといいんだよ。直してみようか？」と言って、解き直してもらいます。そして、「よし、できた。花丸！」と言って１００点をつけるのです。１回はチャンスがある、というイメージですね。

もう一つ、辞書の引き方、辞典の読み方は、ぜひ教えてあげてください。辞書や辞典の読み方を知っていれば、自分で正解にたどり着くことができます。自分で勉強をするための一歩、自立への一歩となります。

また、小学校の低学年くらいまでは、時にはそばで勉強している様子を見ていないと、書き順などを適当にしていたり、ということがあります。結果しか見ないと、その過程がわからないからです。「十」の字を10個書く宿題に、もしかすると最初に10本「一」を引いて、次に10本「｜（縦の棒）」を入れて……、と書いていないとも限りません。

また、子供が煮詰まっているときにそばにいてあげると、親との会話をきっかけに次に進むことができるようになります。

娘が小学2年生の頃だったか、学校行事の「おもちゃ祭り」についての作文が書けずに悩んでいたときのことです。そばにいた私に「なんて書けばいいかわからない」と言うので、「それはどんなお祭りなの？」「誰と一緒にやったの？」「だれが買いに来てくれたの？」「他のお店ではどんなものを売っていたの？」「やってみて大変だったことは何？」など、思いつくままに質問をしてみました。しばらくすると、娘は静かになり、自分で黙々と作文を書き始めました。筆が進み始めたのです。

しばらくして「パパ、終わったよ。10枚書いた！」と笑顔で教えてくれました。私はそばにいて質問をしただけですが、それが自分で作文を書くことにつながったのです。

もう一つ、親にできることがあります。これは私の父から教えてもらったことですが、「憤【ふん】の心」を育てることです。これはいかに子供をやる気にさせるか、ということ。例えば子供が、野球選手になりたいと言ったら、「大リーグに行くなら、英語もやっておいたほうがいい」とか、獣医さんになりたいと言ったら「算数をしっかり勉強しておくといい」など、そこに到達するまでにどんな勉強が必要なのか、先を見せてあげると、子供もその夢に向けて頑張ることができるようになります。これは、子供の勉強のために親ができることです。

「子供と触れ合う時間がない」と言い訳してしまう

私自身共働きで子育てをしてきましたし、私の両親も昭和30年代から共働きでした。現在の七田の教室でも、7割が共働きのご家庭です。皆さんのお悩みは、やはりお子さんと一緒にいる時間がとても少ないということです。家にいるときであっても、自分はたまった家事をしなければならないから、子供とゆっくり過ごすことができない、というのです。

我が家も3人の子供を抱えていましたから、毎日がいっぱいいっぱい。その日を過ごすことがやっと、ということばかりでした。そんな中、なんとか子供と向き合う時間を持ちたいという思いで始めたのが、寝る前の絵本の読み聞かせです。姉に3冊、弟に3冊、計6冊を読みます。毎日読むことが目標でしたが、出張などのため、なかなかそうはいかず、2日に1回くらいのペースで続けました。6冊読むとだいたい30分ほどかかります。途中でどちらかが寝てしまったり、2人とも寝てしまっているのに、続きが気になって最後まで黙読したりということもありました。

父親というのは、普段外にいて、なかなか子供と過ごす時間はとれないものですが、この絵本の時間だけはしっかりと子供に向き合うことができました。一人に換算すればたった15分ですが、この15分が子供との絆を深めてくれたのだと思います。

働いているお母さんであれば、きっと状況は私と似ている、いやそれよりももっと大変だと思います。仕事に疲れて家に帰ってもほっとする暇などなく、夕飯の支度、掃除、洗濯、皿洗い、子供にご飯を食べさせ、お風呂に入れて、歯を磨いて、寝かしつけて……と、すべきことの洪水に飲み込まれてしまいます。

そんな中で、なんとか寝る前の15分の時間を確保してみませんか。15分が難しければ、10分でも、５分でも。そして子供の好きな絵本を読んであげてください。

親子にとって一緒に過ごす時間はとても大切です。もちろん、ママが台所にいて、子供がテーブルで宿題をしているというのも悪くはないのですが、お母さんも片手間ですよね。絵本の良いところは、片手間ではできないことです。お母さんも、していることをいったん脇に置かなければなりません。この物理的にお母さんが自分ためのの時間をつくってくれた、という事実が大切なのです。子供の心に後々まで残るのは、このように一緒に過ごした時間です。

もちろん絵本でなくてもかまいません。大きな子であれば一緒に宿題をしたり、一緒にジグソーパズルをしたりしてもいいでしょう。親と一緒に何かをするということは、親が思っている以上に子供にとってうれしいことなのです。

私の知人で、ある会社の社長をされているママがいました。出張も多く、お嬢さんが一人で留守番ができるようになるまでは、会社の女性社員の家に預かってもらっていました。自分も旦那様の実家も遠方で、親戚に頼るということができなかったからです。

女の子が中学1年生くらいになったとき、いつも預かっている女性スタッフが「あなた、お母さんの出張でいつも預けられていて、寂しいんじゃない?」と聞いたそうです。すると女の子は「全然寂しくないよ。だって、お母さんは私のことが好きだから」と答えたというのです。私はその話を聞いて、「なんでそう思っているのだろう?」と思ったのですが、それには理由がありました。

お母さんはいつも決まって夜8時頃、預けた先に電話をかけてきたのだそうです。そして「今日はどんなことがあったの？」と話を聞いてくれたといいます。物心ついたときから、いつもお母さんは自分に電話をしてくれたと。そしてそれは変わらずに続いている。自分はなんて母親に愛されているんだろう。そう感じたというのです。

この電話での会話は、物理的には離れていても、２人で一緒に向き合う大切な時間だったのです。愛というのは、量ではなく質なのだということをこの話を聞いて感じたものです。たとえいつも一緒にいられなくても、子供の愛情のコップが空になる前に「自分は愛されている」と感じさせることが大切なのです。

時間がなかなかとれないママたちは、まずは5分でもいいので、お子さんと向き合って過ごす時間をつくってみてください。それだけで親子の関係は変わってくるものです。

つい、子供を叱りすぎてしまう

叱っていけない、ということはありません。子供は家でしているように、外でもしてしまうものですから、ダメなものはダメとしっかりと伝えていく必要があります。

先ほどもお話ししたように、叱るには基準が必要です。我が家ではそれが「わがまま　いじわる　うそ　反抗」という「七田家の四つのルール」でしたが、それぞれのご家庭で、「どんなときに叱るか」ということは、明確にしておくといいでしょう。子供を叱ろうとしたときに、ちょっと冷静になってその基準に照らしてみると、叱るべきかどうかがわかるはずです。基準があると、叱る回数はぐっと減るはずです。

一番大切なのは、叱るべきところでしっかりと叱ることです。それは、善悪に関すること。「片付けをしない」「歯を磨かない」などのような日常生活のことではなく、人を傷つける、自分を傷つけるような行動に関しては、「してはいけない」としっかりと伝えていかなければなりません。お友達を傷つける言葉を言ったり、道路に急に飛び出したりしたときには、厳しく叱る必要があります。

七田式では

「愛　厳しさ　信頼」

を「子育て三種の神器」といって大切にしています。

愛は親子間の根底に常に流れているもの、その愛が伝わった上での厳しさが、時に必要とされます。「ママはあなたのことが大好きだけど、今日あなたが言ったことは許せない」のように、善悪の基準を伝えていくのは、親の役割です。厳しいことを言わなければならないときは特に、「あなたのことを嫌いになったわけではない」ということを、同時に伝えてください。

「愛」の次に伝えなければならないほど「厳しさ」が必要とされるのは、子供はいずれ自立をしなければならないからです。親の指示がなくても、善悪を自分で判断していく。自分で周りの人と関わり合い、自分の人生を生きていく。そのためには、厳しさがどうしても必要なのです。

そして、本当の意味で自立を促すためには、「信頼」がなくてはなりません。ダメなことはダメと厳しくしつけながら、だんだん口を挟まないようにして、子供の行動を信じる。信頼することができなければ、子供を安心して外の世界に一人で出すことはできません。

この「子育て三種の神器」は、自立した子供を育てるためには欠かせない要素です。ご自身の子育てに迷ったときには、思い出してみてください。

子育ては、一進一退

子育てに必要なものの一つ。それは「根気」です。

なぜなら「やっとできるようになった」と思ったことが、次の日にはまたできなくなっていたり、ということが多々あるからです。

「脱いだ靴をそろえる」ということを、私は子供が靴を履くようになった頃から、口を酸っぱくして言っていたのですが、それがやっとできるようになったのが娘がたしか3歳くらいになった頃です。自分の靴だけでなく、ていねいに人の靴までそろえたりして、周りにほめられていたのですが、ある日気がつくと、片方の靴がひっくり返っています。見事に脱ぎっぱなしです。ちょっと注意してみていると、そんな日が何日も続いていて、身につけたと思った習慣でも見事に忘れ去られているということがわかりました。できたと思って注意をしていなかったからかもしれませんが、しつけというのは「これでOK」ということはないいんだな、と感じたものです。

すでに身について習慣になっているものというのは、やはり相当な数を繰り返している事柄だと感じます。仏教系の保育園に通っていた当時2歳の息子は、いただきますのときに、合掌しながら「御仏様、お父様、お母様、先生、いただきます」と言っていました。毎日保育園で繰り返し唱えているから、それが当たり前だと思っており、家でも同じように唱えてからご飯をスタートしていました。また、娘はテレビを見るときに、いつもピシッと背筋を伸ばして正座をして見ていました。これは実は親がつけた習慣ではなく、仕事が終わるまで預かっていただいていたお宅で身につけてもらったものです。

しっかりと身についた習慣は、大きくなっても引き続き子供たちを支えてくれるものです。しっかりと手を合わせて「いただきます」をする息子を見たり、姿勢の良い娘を見たりすると、子供の頃につけた習慣の大切さが今更ながらにわかります。

子育ては一進一退。本当に根気がいります。子供自身も苦労はあるのかもしれませんが、できたり、できなかったりを繰り返して、だんだんできるようになっていくものなのです。しかし、一度しっかり身についた習慣は、その子を一生支えてくれます。親は一喜一憂せずに、根気よく付き合っていきたいものです。

第2章

子供が夢中になって自分で動く！「自分から学ぶ子」を育てる七田式教育とは

0～5歳の教育が子供の将来を変える！

七田式で0歳から5歳までの教育を大切にしているのには、理由があります。それはこの時期、子供の脳は驚くべき速度で成長しているからです。子供の脳は、生まれてから3歳までに8割方、5歳になるまでにはほぼ大人並みの脳の大きさになります。この脳の成長期に、たくさんの刺激を受けることが、その後の成長にとっても非常に大切なのです。

例えば音感。5歳までにさまざまな音を聞き取る訓練をすれば、絶対音感を身につけることができるといわれています。

記憶のトレーニングに関していえば、言葉を話し始める2歳頃からスタートすると、暗記の得意な子に育ちます。

実際に4歳で百人一首をすべて覚えている子もいます。覚えるときに意味はわからなくてもいいのです。例えば高校生になったときに、昔覚えたあの歌はこういう意味だったのか、と気がつくことができるでしょう。語感が楽しい、リズムがいい、そんなふうに言葉を暗記していけばいいのです。

０歳から5歳の間に覚えたことは、一生ものの記憶となります。私たちが日本語を忘れないですむのは、この頃にしっかりと頭に入れているからなのです。

ただ、時期を逸したからといって、諦めることはありません。

父は最初の子供、私の兄には1歳のときに文字を覚えさせたそうです。山や川などの漢字（象形文字）、ひらがな、そしてカタカナと。小さな兄はあっという間に文字を覚えました。その後私が生まれて、私にも同じように文字を教えようと思った矢先、兄は病気のため亡くなりました。

当時は早期教育が現在ほど盛んでないこともあり、迷信まがいのこともいろいろいわれていた頃でしたから、兄が亡くなったのは早期教育のせいではないかなど、心ないことを言う人もいて、母は相当辛い思いをしたようです。父はそうではないとわかってはいても、残された当時1歳の私の教育方針を巡って夫婦で意見を戦わすのもどうかと考え、私には早くから文字を教えることを諦めることにしたのです。
そのため、私が父から文字を教わったのは、兄から2年遅れた3歳のときでした。図らずも父は、1歳で文字を教える、3歳で文字を教えるということを、我が子で実験したことになります。

2年遅れの私は、最初は兄とは雲泥の差だったそうです。兄がすぐに覚えたことを覚えるのに1週間かかりました。しかし、1週間が過ぎた頃には、兄と同じようにさまざまなことをぱっと覚えられるようになったといいます。

0歳から5歳の間に教育を始めるのがいいのは、早く始めたほうが、親も子も楽だからです。子供はより少ない時間で習得することができますし、親も子供の覚えが早いため、ストレスがありません。

もちろん5歳を過ぎてしまったからといって、諦めることはありません。
5歳までの教育を勧めた父自身が、10代の頃の学びで学問を身につけた人だったからです。

父は七田式を始める前の20年ほどの間、英語塾を開いていました。戦争が終わり、高校の2年年下の人たちのクラスに編入したときには、父はクラスでいちばん英語ができなかったそうです。これではいけないと奮起し、夏休みを利用して３００語の英単語を覚えるなど猛勉強をして、ビリから１番になったという努力の人でした。

このように、何歳であっても勉強するのに遅すぎることはないのですが、後になればなるほど、身につけるためには相当な努力が必要になるということは、間違いありません。

小さなお子さんほど吸収が早いため、本人は覚えるのが楽、そして親も、教えるのが楽なのです。

0歳からの教育とは、「素質」を育てること

0歳からの教育を一言でいうと、「素質を育てる」ということになると思います。

この頃に、記憶の訓練をすることで、脳は記憶が得意な「配線」になっていきます。

脳の中では、脳神経細胞が配線をつくることで、あらゆる情報を伝達していますが、0歳からの教育で、特に記憶に関する配線を強固にしていくのです。

記憶に関する脳の配線が強固になれば、人が10回聞かなければ覚えられないことが、3回、2回で覚えられるようになります。それが素質です。

もちろんこの頃に伸びるのは、記憶だけではありません。音感、語学なども同じです。この時期大量に脳に入った刺激の内容によって、それに対する脳神経細胞の配線が強くなります。

日本人夫婦の間に生まれた子供であっても、英語圏で生活するなど英語に触れる機

会が多ければ、難なく英語を聞き取り、話せるようになるものです。それは、英語という言語の刺激が多い環境だからです。「英語を処理する能力」というのは遺伝ではなく、小さい頃の環境からの刺激によって決められるのです。

そうであるなら、脳が育っている時期に子供の素質をなるべく伸ばしていくことは、将来子供が活躍するための大切な下地になると思います。

私は小さい頃、父から百人一首を教わり、１００首の歌を覚えるだけでなく、競技かるたで早く取るための「決まり字（その音まで聞けば、下の句の札を取れるようになる文字）」も覚えました。また、一枚一枚のかるたの置き場所もあらかじめ決めておき、それを覚えるために、父と一緒に繰り返し練習したものです。

競技かるたでは、試合前に札の配置を暗記する時間が設けられているのですが、自陣の札をあらかじめ決めた場所に並べておけば、相手の札の配置を頭に入れることに専念することができます。試合が進む中で、読まれる札がどんどん減っていくたびに「決まり字」も変化していきますから、それも意識して試合に臨みます。競技かるたとは、暗記の競技なのです。

競技かるたで鍛えた暗記する力は、その後の私の勉強を大いに助けてくれました。私はその後、数学の道に進んだのですが、公式などの暗記に苦労した覚えがありません。かるたで鍛えた暗記という素質が、役に立ったのです。

七田式でも、小さい頃から俳句や漢詩を暗唱して覚えていきます。これは、俳句や漢詩そのものに意味があるというよりは、暗記力という素質を高めるための素材です。なるべく子供が暗唱しやすい、リズム感のあるものを選んで、教材に取り入れているのです。

10の基礎概念を教える

０歳から5歳の教育というと、「小学校の内容を小さい子に詰め込むのでは」と勘違いされる方がいるのですが、そうではありません。後に教えることが楽になるように、素質を高める教育が、この時期の教育です。

では、具体的にどのようなことを教えていけばいいのでしょうか。

私たちはこれを「10の基礎概念」と呼んでいます。10とは、「色」「形」「大小」「数」「量」「空間認識」「比較」「順序」「時」「お金」です。これらを就学前に身につけることを目標にしています。

これらは、基本的な会話に必要な語彙。これらの概念を身につけると、表現できることが格段に増えるのです。

例えば、「犬」だけでなく、「小さくて黒い犬」。「りんご」ではなく、「大きい赤いりんごが三つ」など、何か一つのことを表現する際にも、しっかりとその特徴を自分自身がつかむことができるだけでなく、相手に伝えることができます。

これらの言葉を覚えると、親も子もイライラすることが減ります。5歳くらいまでの言葉があまり出ない子供は、伝えたいことがあるのにうまく伝えることができず、もどかしい思いをしています。ちょうど、私たちが英語を話すときのようなものです。「こう言いたい」と思っても、それに合う単語が出てこなくて表現できない……ということがありますよね。小さな子供はいつもそんな思いを抱えているのです。

少なくともこれらの10の基礎概念を押さえておくと、子供は自分の意思を相手にうまく伝えることができます。おかわりが欲しいときに「おかわり、たくさん」と言うことができれば、ちょっとしかもらえなくて癇癪を起こすこともなくなります。ママが切ったスイカを選ぶときに「大きいほう!」と言うことができれば、小さな一切れを渡されて泣くこともなくなるでしょう。いちごを食べたいときには「10個!」、カレー

大きい
小さい
上
真ん中
下
多い
少ない
軽い
重い
長い
短い
一番上
右から3番目
丸
三角
四角

の中の人参は「1個ね」とお願いすることができるかもしれません。

親もイライラすることが減るはずです。

もし、時計の読み方を覚えてくれたら「8時には家を出るからね」と前もって伝えることで、子供の準備がいつもより早くなるかもしれません。「靴下がなーい！」と言う子に、「白い引き出しの真ん中だよ」と伝えることができれば、朝食の準備を中断して、わざわざ2階に上がって出してやらなくても、自分で見つけることができるでしょう。

10の基礎概念を覚えることで、親子の意思疎通がうまくいくようになります。そしてそれ以上に大切なのが、「8時までには準備しなきゃ」「大きいほうが欲しいと伝えよう」など、子供が自分で考え、自分の考えをうまく伝えることができるようになることです。これは自立の大きな一歩になるはずです。

お家でできる！ 10の基礎概念の教え方

では、どのようにして10の基礎概念を教えたらいいのでしょう。

七田式ということから、「プリント学習をすぐにさせなくてはいけないの？」と思う方がいるかもしれませんが、そうではありません。プリントや教材というのは、勉強でいえば「復習」です。最初はそういった教材ではなく、目の前の実際のもので教えるのが一番です。


例えば私たちが「家具めぐり」と呼んでいる方法があります。

これは実際に私が両親にしてもらったことです。文字を教えるのは兄に2年遅れた私ですが、その間、父も母も違う方法で私にたくさんの知識を授けてくれました。その一つが「家具めぐり」でした。

これは、赤ちゃんや小さな子を抱っこしながら、家の中をぐるっと周り、目についたものについて説明しつつ話しかける方法です。


「これはテーブルだよ。四角いね」

「この食器棚の色は、茶色だよ」

「これはオレンジ色っていうんだよ。オレンジ色のソファーだよ」

「他にオレンジ色のものは何かあるかな?」

「あ、オレンジ色の四角い積み木があるね」


というように、目に見えるものや色、形などについて語りかけます。こうすることで、子供はどんどん言葉を自然に覚えることができるのです。

「10の基礎概念を教えよう」と意識さえしていれば、あえてそのための時間をとらなくても、普段の生活の中でいくらでも教えることができます。「パパの靴は大きいね。あなたの靴はちっちゃいね」「あなたのお箸は短いけど、ママのは長いよ」「今日は赤いTシャツと水色のTシャツ、どっちを着ようか?」のように、会話の中で自然にこれらの概念を伝えていくことができるからです。

麦茶をコップに分けるときにも、「量」という概念を意識するだけで会話が変わります。これまでただ「はい」と言って渡していたところを、「半分入れたよ」などと言いながら渡したり、「どのくらい欲しい？ 少し？ いっぱい？」などのように質問したりするのもいいですね。

ちょっと難しいのが時間の概念です。時間には形がありませんから、子供にとっては理解するのが難しいものなのです。そのため親が「30分待ってね」と言っても、それがどれくらいなのかわかりません。

子供たちが小さな頃、家族で隣の街まで晩御飯を食べるために車に乗った時のことです。息子に「どれくらいかかる？」と聞かれて、何気なく「30分くらいかな」と答えると、息子に「30分ってどれくらい？」と質問されました。そこで「ウルトラマンを1回見るくらいだよ」と伝えると、「うん、わかった」と納得してくれたことがありました。時間のように、形がないものは、子供の生活の中にある時間感覚に置き換えて教えるとうまく伝わるようです。

遊びも学びに変えることができます。

色であればお絵かきをするときに、お子さんが使っている色を言葉にしてあげても良いでしょう。

「女の子の帽子は、赤なんだね」「この黄色のお花、かわいいね」といった感じです。絵の具を使って、ちょっと実験っぽくしてもいいですね。「赤と黄色を混ぜたら、オレンジになったね！」。子供も自分で色をつくってみたくなるはずです。

ゲーム感覚で教えるのも一つの方法です。

例えば1分というのがどれくらいの長さなのかを体感するのも良いでしょう。まずは一緒に時計を見ながら、「動いている細い針が12のところにきたら、ちょうど1分だよ」と言って時計を見つめます。その後、「じゃあ、今度は目をつぶろうか。細い針が12のところに来たと思ったら、手をあげて」。

ストップウォッチを使って、目をつぶってちょうど1分のところでボタンを押すというゲームも盛り上がります。大人も一緒にやってみてください。結構難しいものですよ。

このようにして、時間を体感させる遊びをすると、徐々にではありますがしっかりと時間の感覚が身につきます。そうなると、「5分くらい待って」とお願いしたときに、子供も「だいたいあのくらい待てばいいのか」とわかるようになるでしょう。

ちょっと意識をするだけで、日常生活や遊びの場が、学びの場に変化します。まずはこの10の基礎概念を意識することから始めてください。

お手伝いをほめてあげることで、自己肯定感を与える

10の基礎概念がわかるようになると、子供にお手伝いを頼むこともできるようになります。

「ちょっとその赤い箱、取ってくれる?」と頼んだときに、赤がわからなければ「どれだろう……?」と子供は迷ってしまいます。色の概念が身についていれば、すぐに「この箱だ!」とわかります。概念がいくつもわかるようになれば、ちょっと複雑なこともお願いできます。お皿などは丸いことが多いですから、ただ「丸いお皿出して」と言っても、子供は迷ってしまうものです。「丸くて小さいお皿」「棚の一番下にある丸くて白いお皿」など、特徴を付け加えることができますから、親も指示がしやすくなります。

お手伝いをお願いすることは、私たちが思っている以上に大切なことです。人間には「人の役に立ちたい」という心がもともと備わっていますし、子供は特に「ママの

役に立ちたい」と強く思っているものです。ですから、お手伝いをして「ありがとう」と言われることは、子供にとっても大きな喜びなのです。

小さい頃は特に、お手伝いをしてもらうより、親が自分でしてしまったほうがなんでも早く片付きます。ですからつい、子供が「せんたくもの、たたみたい！」と言っても、「ママがするからいいよ」と断ってしまったりします。任せたりしたら、洋服はぐちゃぐちゃ、靴下は別の組み合わせになったりしてしまいますから……。

しかし、そうではあっても、なんとか工夫をして、小さいうちからお手伝いに参加させてほしいと思います。洋服がだめなら、タオルだけ。それも難しいならハンカチからスタートでもいいのです。子供はお手伝いをすることで、家族のメンバーの一員として認められているという気持ちを持つことができますし、そんな自分を誇らしく思うようになります。このような積み重ねが、子供の自己肯定感を培っていくのです。そして何より、いつかは戦力になります。

私の父も母もお手伝いをさせるのが上手でした。

例えば私が父からお皿洗いを頼まれ、自分ではちゃんと洗ったつもりでも、お皿の裏に洗い残しがあるときもあったらしいのですが、そんなときでも、父は「洗ってくれてありがとう」と嬉しそうに言ってくれました。そして別の日に、「お皿はこんなふうに洗うときれいになるんだよ」ということをさりげなく教えてくれたのです。お手伝いをした子供に「せっかく手伝ってあげたのに……」という気持ちを起こさせないようにしてくれていたのですね。

母に至っては、いつも私に同じことを言っていました。気づいた頃には、母に「厚さん（著者）は洗濯物をたたむのと掃除機をかけるのが一番うまい！」と言っていました。手伝いをするたびにそう言われるので、「ああ、ぼくって洗濯物をたたむのと掃除機をかけるのが、本当にうまいんだなぁ」とちょっと得意に思っていました。「センスがあるんだな」と。自分が子育てをするようになって初めて、「あれは母の作戦だったのでは!?」と気がついたのです。本当に今更、という感じですが。

お子さんが小さい頃はちょっと大変ですが、お手伝いはぜひさせてあげてください。そうすることで、長い目で見ればママも楽になりますし、子供の自己肯定感もぐんぐん高まります。

習慣化することで、自発的に動く子になる！

「三日坊主」とはよくいったものです。新しいことを始めて3日くらいまでは、なかなか気持ちがのらないのですが、４日目、５日目を乗り越えると、それをしないことがだんだん気持ち悪くなってくるものです。

私は体調を整えるために（ダイエットも兼ねて）、時々、ファスティングジュースを飲むことがあるのですが、辛いのはやはり3日目までです。４日目以降は、「せっかくここまで頑張ったんだから」と、続ける方への意思のほうが強くなります。４日、５日続くと、習慣化への弾みがつくものなのですね。

ですから私は皆さんにプリントなどについて話をするときには、「頑張ってまずは４日続けてみてください」とお話ししています。

４日頑張ることに加えて、習慣化を助けるのが「決まったスケジュール」です。

例えば七田式のプリントをしているご家庭には、「毎日同じスケジュールの中で、決まった時刻に始めて、15分程度で終えてください」というお願いをしています。「夕飯の後、8時から15分」というような感じです。

同じスケジュールの中で同じ時間に始めるようにすると、子供のほうも「夕飯の後は、プリントをするんだ」という心構えができるようになりますし、それをしないとなんだか落ち着かない気持ちになってくるのです。

あるご家庭ではママがプリントを忘れると、「まだ今日はプリントしていないよ」と子供に指摘される、と言っていました。子供は体で「夕飯の後はプリント」と覚えているのですね。

子供の習慣化を大きく助けるのは、この決まったスケジュールです。

毎日同じ時間に起きて、同じ時間に食べて、同じ時間に寝る。こういった決まった生活のスタイルがあると、習慣にしたいことをさし挟みやすくなります。「ご飯を食べたら歯を磨く」といった当たり前の習慣のように、「ご飯を食べたらプリントをする」が子供は当たり前にできるようになります。これは規則正しい生活スタイルがあってこそのことです。

将来勉強をする習慣をつけたいなら、まずは毎日の生活を決まったスケジュールで行うことをおすすめします。

一番大切なのは早寝早起きです。なかなか寝てくれないというのであれば、まずは早起きからスタートです。その日1日眠くて仕方なければ、その日の夜は早く寝てくれるはずですから。そしてできるだけ、同じスケジュールで日々を過ごしてください。おやつも3時と決めたら、必ずその時間におやつにします。

子供はだんだんと、この時間に起きて、この時間に食べて、この時間に寝る、というスケジュールを理解するようになります。これは時間の基礎概念の獲得にもつながります。

生活が安定してきたら、例えばおやつの後、夕飯の後などに、習慣にしてほしい事柄を入れていきます。プリントは子供の好きなものでいいでしょう。迷路でも点つなぎでも、簡単なドリルでもいいですね。大切なのはその時間、机やテーブルに向かう、という習慣です。それが後に勉強する時間へとつながっていくのです。

机やテーブルに向かうことが習慣になった子は、それをしないとなんだかそわそわしてしまうといいます。そのため、誰に言われなくても自然と勉強を始めるようになるのです。

東大生や京大生はよく、「親に勉強しなさいと言われたことがない」といいます。そんな話を聞くと、「たまたま勉強好きな子だっただけでしょ」と思うかもしれませんが、そうではないのです。その子たちの親御さんはきっと、小さい頃に「机に向かう」を子供の習慣にしてしまったのです。そのため「勉強しなさい」と言う必要がなかったのですね。

勉強だけでなく、ピアノの練習やバットの素振りなど、習慣にしてほしいことがある場合には、同じ方法が使えます。そのためにはまず、規則正しい生活のリズムをしっかりと確立することが大切です。

子供が自分で気づくことが、成長につながる

私たち親は、待つことが苦手です。

子供がちょっと苦労しているのをみると、すぐに手を差し出して、助けてしまいます。教育に長年携わっている私も、それは同じです。

少し前まで高校生だった息子が、実家の島根から東京まで遊びに行くというので、路線を検索して、「何時の新幹線に乗って、ここで乗り換えたらいいよ」と、プリントアウトした紙を渡そうとしたら、「そこまでされたら、全然面白くない！」と言われてしまいました。確かに息子の言う通りです。せっかくの冒険なのに、親の決めたルートをたどるのでは、意味がありません。たとえ失敗し、遠回りをしたとしても、自分で決めて行動する。その過程に気づきがあり、そこに成長があるのです。

反省を込めてお話をすれば、親はすぐに答えを言わないことです。

小さな子であれば、最初のうちは教えなければならないこともあるでしょう。しかし、ある程度教えた後であれば、「こういうときは、どうするんだっけ?」と、子供自身に思い出させる質問をしたり、「あなたならわかるわよ」とちょっと突き放してみたりすることが大切です。

いつまでも、「間違えないように……」「失敗しないように……」と先に手を回していると、失敗から学ぶチャンスを失ってしまいます。

幼い頃から小さな失敗を繰り返すことで、私たちはそれを成長の糧にすることができるようになります。「こうしたからダメだったのか。じゃあ、こうしてみよう」というように、同じ間違いを繰り返さない方法を考えたり、創意工夫をしてみたり。失敗への耐性もついてきますから、挫折を味わうようなことがあっても、そこから復活することもできます。失敗しない人生などありませんから、このような失敗から学ぶ力は、非常に大切です。

もし、全く失敗を経験せずに育ってしまうと、何かちょっとした失敗をしただけで、必要以上に落ち込んだり、立ち直れなくなってしまいます。失敗の経験は、成功の体験と同じくらい大切なことなのです。

このように考えると、あまり子供にかける時間がない、というのは逆にプラスに働くのではないかと思うことがあります。仕事と子育ての両立で時間がない、子供がたくさんいて一人ひとりに手をかけてあげられないと悩んでいる親御さんは多いものです。

そのような場合、どんなときもそばにいて、失敗を回避してあげるということが物理的にできません。０歳から保育園ということもあるでしょう。

親からのマンツーマンのサポートがない子は、失敗することも多いはずです。しかし、一人で物事に対処しなければならない場面があることで、早いうちから多くの経験をすることができます。これは忙しすぎるママの、子育てにおけるプラスの側面です。

忙しすぎるママたちは、「子供に申し訳ない」と思っている方も多いのですが、そんなことはありません。一緒にいられる時間にしっかりと愛情を伝えていれば、離れている時間はかえって、子供が学び成長する貴重な時間となるのです。

忙しすぎるママと同じく、ちょっと抜けているママも、実は子供の成長にはプラスです。スケジュール管理が苦手なママの子は、往々にしてしっかり者だったりします。出かける前にいつも「ママ、お財布持った？」と娘に確認されるというあるお母さんは、「うちの子は本当に頼りになるんです」と、いつも娘さんをほめています。そんなふうに言われて、娘さんも悪い気はしないものです。中学生になった今は、仕事で母親の帰りが遅いと、ご飯を炊いておいてくれるなど、家事の戦力になっているそうです。「料理も私よりうまくて。もう母親卒業ですね」。

ちょっと頼りないお母さんくらいのほうが、子育てはうまくいくのかもしれません。

周りを見ていると、学歴が高く「超」がつくほど優秀なママたちが、子育てに苦労している様子が見てとれます。それはもしかすると、子供が失敗しないようにあらかじめレールを敷いたりすることが、事もなくできてしまうからかもしれません。オール5のようなママというのは、自分に厳しくここまでやってきたために、どうしても同じレベルを我が子にも求めてしまいがちです。

そうなると、子供はとても苦しくなります。

基準が高すぎるために、どんなに頑張ってもなかなかほめてもらえないだけでなく、失敗から学ぶこともできません。失敗すれば、ママをがっかりさせてしまうことを知っていますから、子供たちはいつも必死に頑張っています。そんなふうにして、疲弊してしまうお子さんもいるのです。

私は「母としての演出の仕方」があってもいいと思っています。会社では頼りにされるできる上司でも、家ではちょっと抜けたママを演じていいと思うのです。子供が自分で物事に対処できる機会を設けるために、家では肩の力を抜いて子供に任せてみてはいかがでしょうか。

自分の子に教えることが、一番難しい

私は大学生の頃から数年にわたって、算数、数学の家庭教師をしてきました。一番小さな子は小学校１年生、上は高校３年生の受験生まで幅広く担当していました。

ですから、教えることに対しては、多少なりとも自信があったのですが、どういうわけか自分の子には上手に教えることができないのです！　自分の子となると、どうしても心のそこで期待をしてしまったり、「こうでなくてはいけない」という思いが強くなってしまったりして、冷静に教えることができません。家庭教師をしていた頃には、一度も声を荒らげたり、イライラしたことなどなかったのに……と反省ばかりの日々でした。

また、「お父さんが小学生の頃には……」などと、自分と子供を比較してしまうのも、悪い癖です。「自分はこれくらいできていたのだから、息子もこれくらいできて当たり前」と、つい思ってしまうのです。期待が裏目に出ているとわかっていながら、なかなかうまくいかないものです。

できることなら、目の前で頑張っている子供のいい部分を見つけて、しっかりとほめてあげましょう。

子供の方も、教えているのが親となると、甘えが出てしまうため、緊張感がなくなったり、素直にこちらの言うことを聞かなかったり、ということがあります。親子での勉強はなかなか難しいものだと感じます。

とはいえ、こういった時間は実は、親子で向き合う貴重な時間でもあります。片手間ではなく子供の横に座って、その子にしっかりと向き合う時間というのは、忙しい毎日の中でそれほど多くはとれません。小さな子であれば特に、それがうれしくないわけがありません。そう考えると、実際の教え方以上の効果が、親が勉強をみることにはあるのかもしれません。

我が家では、今は子供たちも大きくなり、じっくりと勉強をみることはなくなりました。留学中のため、たまにＬＩＮＥに数学の質問を送ってきたりすることもあるのですが……。それはそれでうれしいのですが、面と向き合って「うまく教えてあげられない」と悩んでいた時期が、懐かしく思い出されます。

第3章

忙しいママでも一緒にできる！
七田式　ママの子育てルール

七田式！　子育てルール

子育てはやるべきことが多すぎて、何をしたらいいのかがわからなくなるときがあります。それこそ、食事、お風呂、寝かしつけなど、身の回りの世話だけで精一杯ということもあるでしょう。

しかし、自ら学ぶ子に育てるためには、身の回りのお世話だけでは十分ではありません。短い時間しかないとしても、子供の才能を伸ばすために、親にはできることがあるのです。

本章では、七田式教育が大切にしているポイントをまとめました。

全部できなくてもかまいません。できることだけ、できることから少しずつやってみてください。

七田式子育てルール

ルールその1
大切なことは絵本から学ばせる

ルールその2
子供が夢中になれるものと出会える場をつくる

ルールその3
「まごわやさしい」食事を心がける

ルールその4
子供の心に残る言葉を伝える

ルールその5
小さい頃から英語に触れる

ルールその6
遊びながら、一緒にいろいろ覚える

ルールその7
素質を高めて自由な時間をつくる

ルールその8
愛のあるコミュニケーションをとる

七田式

子育てルールその①

大切なことは絵本から学ばせる

■絵本が子供に気づきを与える

息子さんのちょっとした嘘に困っているお母さんがいました。「歯磨きした？」と聞くと「したよ（してない）」、「宿題終わったの？」「終わったよ（終わってない）」、といった具合です。「嘘つかないの！」と言っても効果が全くないというので、私は『ひつじかいとおおかみ』のお話を読んであげるのもいいかもしれませんよ」とアドバイスをしました。「おおかみが来たぞ！」と嘘をついて大人を騙していた少年が、最後は狼に食べられてしまう、という、あのイソップの有名なお話です。

絵本のいいところは、子供が自分で「気づく」ことができることです。

親がいくら「嘘をついてはいけません」と注意しても、本人がそう思わなければ改めることはありません。このような物語に触れることで「そうか、嘘をついて人を騙していたら、最後には大変な目にあうんだ……」ということに、自分で気づく。それが子供の行動を変えるきっかけになるのです。

イソップ物語や日本の昔話は、こういった子供への教訓になる物語であふれています。正直であることの大切さを教えてくれる『金の斧』『はなさかじいさん』、地道に頑張ることが大切ということがわかる『うさぎとかめ』、『舌切り雀』『笠地蔵』などは恩返しのお話です。こういった物語で、親が伝えたい大切なことを気づかせることができるのです。

そして、絵本は時に親の気づきにもなります。怒ってばかりのママが『北風と太陽』を読めば、もう少し言い方を変えなきゃと思うはずです。

子供に直接「ここがダメだから、直しなさい」と言っても、なかなか直るものではありません。そういうときには、絵本を使いましょう。子供は私たちよりもずっと、登場人物に感情移入しながら、お話を聞いています。絵本はハッピーエンドばかりではありませんから、そんなときには子供の心は大きくゆさぶられるはずです。自分で気づくことで初めて、新しい習慣になっていきます。絵本はしつけにも大きな力を発揮してくれるのです。

絵本が引き出す子供の語彙力・イメージ力

絵本の読み聞かせをしてもらっている子というのは、語彙も豊富です。

書き言葉には、普段の話し言葉では使われない言葉がたくさん使われています。特に、接続詞や副詞は、絵本から多く学ぶことができる語彙です。

「ところが」「そこで」「しかし」「それから」「すると」などの接続詞は、文章ではよく見かけますが、普段の会話で使うことはほとんどありません。「とうとう」「こりごり」「しきりに」「ただちに」「ひっそり」などの副詞も同じです。またこういった言葉は、文脈の中でないとその意味をうまく伝えることができないものです。そのため、絵本が役に立つのです。

また、イメージ力を育てることもできます。絵本はビデオと違い、絵は動いてはいませんが、子供の頭の中ではその絵が動いています。桃太郎の桃は、絵の中では止まっていますが、子供の頭の中では、「どんぶらこ、どんぶらこ……」と桃は川を流れているのです。

ひらがな、カタカナ、漢字を覚えるのにも、絵本は役に立ちます。それはイメージを担当する右脳に働きかけるからです。

ドリルを使って、「り」「ん」「ご」などを一つひとつ書き取りをすることも、もちろん言葉を覚えるためには大切です。しかし単なる書き取り練習は、左脳的な積み上げでしかありません。生きた言葉にするためには、右脳を使ったイメージの力が大きな役割をはたします。絵本の中で赤くておいしそうな絵とともに「りんご」の文字を見れば、その子の頭の中で、それらのひらがなとりんごのイメージと音が、有機的に結びついていきます。カタカナや漢字も同じです。

ある小学校で、運動会で着るTシャツの背中に、自分の好きな漢字を書いていい、という企画がありました。「飛」「大」「速」「信」「心」など、皆それぞれの漢字を選んでいましたが、これはそれぞれの漢字に対してその子なりのイメージがあるからです。右脳的なイメージの力は、言葉を覚える、使う、理解する上で、大きなプラスになります。

最近では入試の傾向も大きな変化を見せています。中学入試においても、国語だけでなく、社会、理科、算数に至るまで、相当長い文章を読ませる思考力型の問題が増えています。小さい頃からの読み聞かせは、はからずとも将来の受験の基礎をつくることにもなるのです。

読み聞かせは、小学校中学年まで続ける

「いつまで読み聞かせをしたらいいですか？」という質問をよく受けるのですが、できれば児童書を子供が一人で読めるようになる頃まで続けてほしいと思います。小学校の中学年、もちろん高学年まででもいいでしょう。その頃になると、絵本というより、挿絵の少ししかない文章中心の児童書が増えてくるはずです。児童書は一気に読むのは大変ですから、例えば「1日10分」「1日20ページ」などのように決めて、少しずつ読み進めるといいでしょう。

文字が多くなると、子供は内容を理解するのに頭を使います。「この漢字、なんて読むのかな？」「この言葉はどういう意味だろう？」と考えているうちに、ストーリーを見失ってしまう、ということがあるのです。親御さんが読み聞かせをしてくれるの

であれば、子供はストーリーに集中することができますから、ちょっとレベルの高い本でも、黙読をするより理解しやすいのです。本を読むには、「読む」力と「理解する」力の両方が必要なのですが、読み聞かせをして、親が「読む」方を担当してあげることで、「理解する」方に、子供は集中できるのです。

皆さん、ご自身が「弾き語り」をしているところを想像してみてください。すんなりとできそうでしょうか？ 弾き語りが難しいのは、「ピアノを弾く」力と「歌う」力が同時に求められるからです。ピアノに集中すると歌がおろそかになり、歌をうまく歌おうとすると、弾き間違える。文字を読み始めた子や、難しい本にチャレンジしている子というのは、ちょうどそんな状態にあります。

ママやパパが読むほうを担当してくれれば、子供はそのお話をイメージしながら理解するという作業に没頭することができます。これは、子供の読解力の底上げに大きな力となります。ぜひ絵本で終わらせず、児童書が楽しめる子になるところまで、連れて行ってあげてください。

■子供と同じ時間を過ごすことで、愛を伝える

絵本の読み聞かせをする一番の目的は、親の愛を伝えることにあります。

絵本を読んでいる時間は、「自分だけのママ」ということが子供もわかっています。それが子供にはとてもうれしいのです。

ふだん一緒に過ごしていたとしても、ママたちはご飯をつくったり、洗濯をしたりといった家事や、ご飯を食べさせる、着替えさせるといった育児に、時間の大半を使っているはずです。これらは子供のためであったとしても、子供と同じ方向を向いて時間を共有しているわけではありません。

絵本の読み聞かせは、片手間ではできませんから、しっかりと子供に語りかけ、子供を見ながら行うことになります。それは特別な時間なのです。

かつて寝る前に、息子をひどく叱ったことがありました。息子はむくれていたのですが、本を1冊読むたびに、だんだん表情がやわらかくなっていきました。3冊読み終える頃には、すっかり機嫌を直し、すっと眠りにつくことができました。きっと、「叱

られたのは、自分が言うことを聞かなかったからで、お父さんに嫌われたわけではない」ということが、わかったのだと思います。

「愛」は七田式の「子育て三種の神器」の最初に置かれています。しかし、愛を子供にうまく伝えていくというのは、実際にはなかなか難しいものです。「愛してる」「大好き」と声に出して言うことも、子供が大きくなるにつれて、だんだんと減ってしまいますから、言葉だけでは伝えきれないのです。

もちろん、毎日おいしいご飯をつくる、身の回りの世話をする、送り迎えをするなどは、愛情がなくてはできないものですが、毎日の生活の細々したことに、子供が親の愛情を感じるのは、ずっとずっと後のこと。一人暮らしを始めたり、自分が子供を持って初めて、「お母さんは頑張ってくれていたんだ」と身にしみてわかるのです。

絵本の読み聞かせであれば、その場で愛を伝えることができますし、子供も親の愛情をダイレクトに感じることができます。絵本の読み聞かせは、「愛」を伝えるための具体的な方法なのです。

七田式

子育てルールその① まとめ

・絵本で子供自身に気づきを促す

・読み聞かせで語彙を増やす

・読み聞かせは小学校中学年まで続ける

・「愛を伝える」ことが、読み聞かせの一番の目的

七田式

子育てルールその②

子供が
夢中になれるものと
出会える場をつくる

子供を連れて、どんどん出かけよう

「うちの子は、夢中になれるものがないんです」

こんな相談もよく受けます。何かに夢中になってほしいというのは、親の願いの一つでもあります。そんなとき、親にできることは二つあります。一つはいろいろなところに連れて行くことです。最近では、市区町村が主催するイベントも多岐にわたりますから、費用をかけ過ぎることなく、いろいろな体験ができます。ファミリーコンサート、実験教室、プラネタリウム、かけっこ教室、日舞体験、演劇ワークショップ、プログラミング教室など。いろいろ回ってみると、その中には子供が興味を示すものが必ずあります。

運動が苦手で家でゲームばかりしていた男の子が、友達に誘われて行った卓球体験が楽しくて卓球クラブに入会したり、外で遊んでばかりいた男の子が、祖父から教わった将棋にはまったりと、どこでその子の興味が刺激され夢中になるのかは、誰にもわかりません。親が思っているその子の性質とは全く違った分野へ、強烈な興味を見せることもあるのです。親はそのきっかけを見つけるために、体験のチャンスを探してあげてください。

■絵本を使って、子供の興味を探る

もう一つは、絵本を活用した方法です。

読み聞かせを3冊するとしたら、2冊は子供に好きな本を選ばせ、もう1冊は親がその子が選びそうもない分野の本を選ぶとよいでしょう。

例えば星座の本を選んで読み聞かせたとき、お姉ちゃんはとても喜んでいたのに、弟にとっては「ハズレ」の本だったようで、全く興味を示さない、というようなことがあります。また、3歳の頃には全く興味を示さなかったのに、5歳のときにもう一度読み聞かせてみたら、今度はすごく食いついてきた、ということもあります。

このように、絵本でその子がそのとき、何に興味があるのかがある程度わかると、体験に連れていくのにも大きな失敗がなくなるはずです。星座が好きだとわかればすに、「じゃあ、昼間でも星が見えるところに行ってみよう！」とプラネタリウムに行くのもいいですね。夏の旅行を、星がきれいに見える場所にする、というのもいいでしょう。子供の興味が絵本でつかめたら、それにつながる体験の場を用意してあげましょう。

また、このように先に本で学んでおくと、その先の体験がより楽しいものになります。動物園に行く前に、図鑑を見ておけば、「キリンとオカピの違いはどこだったかな？」などと考えながら、じっくりと動物を観察することができます。図鑑で見て不思議に感じた動物の実物が見られたら、それは大きな喜びです。「ねえ、テングザルの鼻って本当に大きいね！」

探究心はこのような中で培われていきます。

物事に「ハマる」には、何らかのきっかけが必要です。

忙しい毎日の中で、多くの体験をさせてあげるのは大変かもしれません。そうであるならば、絵本を通してまず子供の興味を探ることからスタートしてみてはいかがでしょうか。

七田式

子育てルールその② まとめ

・子供が体験できる場に参加する

・絵本で子供の興味を探る

・子供が物事に「ハマる」きっかけを、多く用意する

七田式

子育てルールその③

「まごわやさしい」食事を心がける

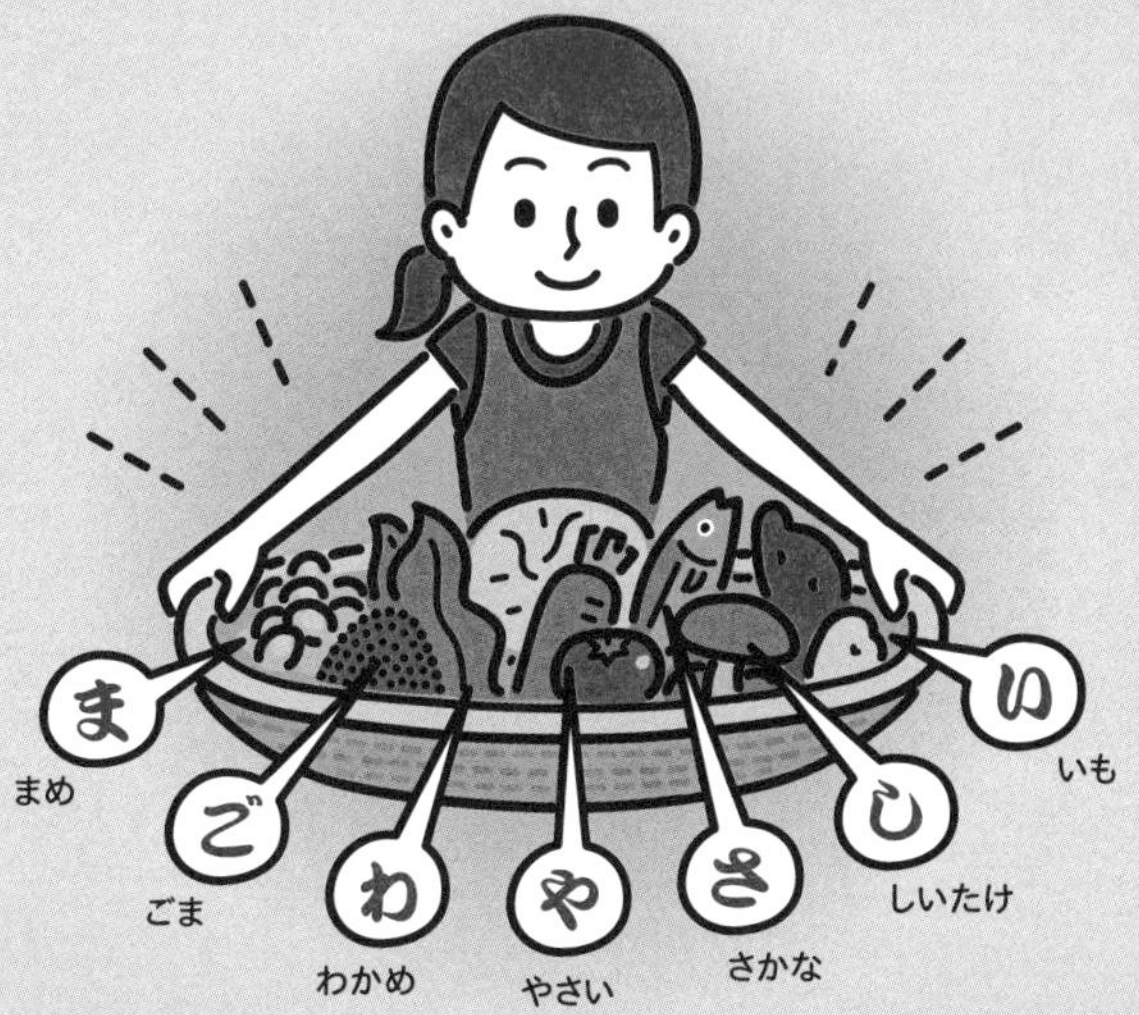

■マイナスの行動は、栄養の偏りから起こることもある

「まごわやさしい」

「オカアサンヤスメ、ハハキトク」

私はこのようなキーワードで、食について皆さんにお話ししています。

まず、「まごわやさしい」ですが、これはご存知の方も多いと思います。「まめ」「ごま」「わかめなどの海藻類」「やさい」「さかな」「しいたけなどのきのこ類」「いも類」。これらを使った食事をしましょう、ということです。つまりは、昔ながらの和食、日本食がベースの食事になります。

そして、なるべく「白くないもの」というお話もしています。白いご飯よりも麦ご飯や玄米にする。精米のパーセントを下げて（五分づき、三分づきなど）なるべく玄米に近い状態にするなど、ご飯も真っ白ではない形にするといいでしょう。精製す

ぎると、栄養がある部分や、健康に良い部分を捨てることになってしまうからです。食パンも、ライ麦パンなど茶色っぽいものを選ぶと良いでしょう。

「オカアサンヤスメ」は、オムライス、カレーライス、アイスクリーム、サンドイッチ、焼きそば、スパゲティ、目玉焼き、「ハハキトク」は、ハンバーグ、ハムエッグ、ギョーザ、トースト、クリームスープ。これらは比較的調理が簡単なこと、子供が好むことから、お子さんのいるご家庭では、登場回数が多いメニューのはずです。

しかし、栄養バランスの面で考えると、どうしても偏りが生じてしまいます。特に、カレーや焼きそば、スパゲティなどは単品になりやすいため、野菜不足になりがちです。魚もこれらのメニューには含まれていません。

以前、「子供が落ち着きがなくて困っています」と言うお母さんに、「毎日、市販のジュースを飲ませていませんか？」と聞いたところ、「何でわかったんですか!?」と言われたことがあります。

市販のジュースには、大量の砂糖が含まれているものが多くあります。例えば、

500ミリリットルのあるコーラには、約56グラムの糖質が含まれています。これは、糖質量3グラムのスティックシュガーに換算すると、約19本分。コーヒーに19本ものスティックシュガーを入れて飲んだとしたら、その後平静でいられるでしょうか。多量の糖質を摂取したことで血糖値が急激に上昇し、その後急激に血糖値が下がると、イライラ、頭痛、空腹、集中力の低下などを引き起こすことがあります。これが、子供の落ち着きのなさにつながることがあるのです。

「落ち着きがない」「集中力がない」などというのは、その子の性格的な側面として片付けられてしまうことがあるのですが、このように栄養のバランスが崩れることで引き起こされている可能性もあります。

「食」はその子の体をつくるだけでなく、性質をも形づくるといっても過言ではありません。

また、添加物などに関しても、しっかりチェックをしていただきたいと思います。

子供は大人に比べて体の解毒機能が弱く、大人の5倍、10倍の強さで影響を受けてしまいます。大人には問題のない程度の量の添加物でも、子供にとって大丈夫かどうかは、わかりません。子供は私たちの10倍の影響を受けていると考えて、さまざまな食材を選ばなければならないのです。

何より大切なのは、一緒に食べること

そして、メニューや素材よりも大切だと私が考えているのが、「家族で食べる」ということです。孤食の子が多いといわれています。夕飯はいつも一人、というのでは、栄養価の高いものであっても、その子の成長には不十分。心を育てることができないからです。

家族全員が揃うのが難しいなら、ママだけでも、パパだけでもかまいません。お子さんと一緒にテーブルを囲むようにしてください。

七田式

子育てルールその③ まとめ

・昔ながらの和食をベースにする

・なるべく「茶色いもの」を選ぶ

・食は体だけでなく、性格もつくると理解する

・添加物のチェックは、親の責任

・子供と一緒に食卓を囲む

七田式

子育てルールその④

子供の心に残る言葉を伝える

■親の言葉が、子供の一生を支える

私の知人に、「壊れそうな石橋を走って渡る」人がいます。都内でビジネスを広く展開しているこの社長の背中を押しているのが、今は亡きお母さんの言葉だそうです。若くして亡くなられたその方のお母さんは、事あるごとに「あんたは大きくなったら、絶対ひとかどの人物になるよ」と言っていたそうです。知人は、「自分の根拠のない自信は、ここから来ている」と言っていました。親の言葉は、亡くなってからでさえ、子供の背中を押してくれるのです。

日常的に、そんなふうに子供を励ますことができればいいのですが、そうでない場合は、誕生日や卒業などの節目を利用して、特別な言葉をかけるのがいいと思います。直接は言いにくいのであれば、カードや手紙にしてもいいでしょうし、普段使用しているLINEなどを使って、メッセージとして残すのも悪くないと思います。

伝える言葉は、根拠がなくてもいいのです。「大きくなったら、人の役に立つ立派な人物になるよ」「あなたは本番に強いから、いざとなったらすごいパワーが出るよ」「人の上に立つ、ひとかどの人物になると信じているからね」など。親が自分の子供に期待を込めて言うのであれば、何の問題もありません。

子供はもしかすると、その言葉を根拠にして頑張れるかもしれません。根拠のない言葉が根拠になる。そんなことが起こるかもしれません。そしてそのような言葉は、親だからこそかけられるものです。「自分は期待されている」という気持ちは、子供のやる気に結びつくものなのです。

子供が何かに失敗して落ち込んでいるときにも、そんな言葉をかけてあげられるといいですね。「あなたは失敗をバネにして、頑張れる子だからね」「将来振り返ったら、この失敗があって良かったと、きっと思えるよ」。心が弱っているときにかけられた言葉というのは、いつも以上に心に残るものです。わが子の心の支えとなるような言葉をかけてあげたいものです。

■話を聞くこと、スキンシップも言葉の代わりになる

言葉で伝えるのがどうしても苦手、うまい言葉が浮かんでこない、という方は、別の方法でもかまいません。

一つには「話を聞く」という方法があります。私たちはしっかり話を聞いてくれる相手に対しては、非常に大きな信頼を寄せるようになります。誰しも自分の話を熱心に聞いてくれる人のことを好ましく思うものですよね。「あなたの話をちゃんと聞きます」という姿勢は、「あなたを大切に思っています」というメッセージと同義なのです。

もう一つは、スキンシップです。落ち込んでいるときに、ギュッと抱きしめたり、背中をさすったりすることができれば、言葉はなくとも気持ちは伝わるものです。

七田式

子育てルールその④ まとめ

・子供の心に残る言葉を、意識して伝える
・伝えたい言葉を、文字として残す
・話をしっかり聞くことで、愛情を伝える
・スキンシップが言葉の代わりになる

七田式

子育てルールその⑤

小さい頃から英語に触れる

■英語に触れる環境をつくる

「英語が得意ではないので、教えられない」
「私が教えたら、発音が悪くなってしまう」

そんな心配から、英語教育になかなか踏み切れない方が多くいます。そんなに難しく考える必要はありません。英語は教材を使って教えればいいのです。

私自身、そのように英語を習ってきました。
当時英語塾を営んでいた父は、朝食のときに家庭英会話のテープを流していました。それは私が5歳の頃からスタートしたのですが、私自身はバイリンガルにはなれませんでした。しかし、当時2歳だった妹の英語熱は冷めることなく、高校時代にアメリカへホームステイしたのをきっかけに、20歳の頃渡米し、アメリカの大学を卒業して、現在もアメリカで暮らし、今では難しい翻訳も通訳もこなします。

小さい頃から、英語に触れる環境にあるというのは、バイリンガルになるかどうかはともかくとして、英語への親しみを生んでくれるのではないでしょうか。英語が好き、という気持ちがあれば、大きくなってから、大人になってからも勉強し続けることができる。それは大きな財産です。

スタートが遅くても、諦める必要はありません。

子供は大人よりもはるかに暗記が得意ですから、なるべくたくさんのフレーズをどんどん頭にインプットしておくと良いでしょう。英語を訳すような勉強よりは、フレーズを丸ごと暗記するような形がいいですね。そのほうが後々使える英会話力が手に入ります。

世の中に出てみると、英語を使って仕事をしている人のほとんどが、大人になってから英語を身につけた人です。もう8歳だから、10歳だから遅いということはありません。たくさんの英語をインプットする機会をつくってあげてください。

■親も一緒に勉強しよう

もし、ご自身が英語が苦手、という意識があるのなら、一緒に勉強するのが一番です。これは子供のやる気を刺激します。例えば5個のフレーズを一緒に暗記して、それぞれテストをしてみるなど、ゲーム感覚で英語を楽しむのもいいですね。子供は大人よりも暗記が得意ですから、きっと戦績はお子さんのほうがいいはずです。そうなると「ママより英語が得意！」と感じて気持ちよく勉強することができますし、英語に対して自信を持つことができます。ママも英語の勉強ができるし、一石二鳥です。

親子で英検にチャレンジするなど、子供に一方的に英語を勉強させるのではなく、一緒に勉強する。そのほうが子供もずっと楽しいはずです。これは、英語が苦手なママにしかできないこと。子供はママと一緒に何かをするのが大好きですから、それを生かして子供の英語力を伸ばしていきましょう。

七田式

子育てルールその⑤ まとめ

・英語に触れる環境を用意する

・スタートが遅くても大丈夫。インプットの機会を多くとる

・親も一緒に勉強する

七田式

子育てルールその⑥

遊びながら、一緒にいろいろ覚える

■しりとりで語彙を増やす

暗記の素質を伸ばそうというときに、おすすめなのがしりとりです。これは道具も場所も選ばないので、移動中の電車や車、レストランでの待ち時間など、いつでも始めることができます。

私も子供たちと車の中でよくしりとりをしました。ただのしりとりではつまらないので、「縛り」を設けます。例えば「食べられるもの・飲めるもの縛り」など。「りんご」「ごま」「マンゴージュース」など、食べ物や飲み物だけでしりとりをします。どんな語彙を知っているかを確認できるので、幼児の頃には特におすすめです。

お子さんの得意なものでもいいでしょう。普段のしりとりで苦労する「ル」でも、ポケモンであれば結構あります。「ルギア」とか「ルンパッパ」とか……。私も息子と一緒にたくさん覚えたものです。親が一緒に競争すると子供は燃えますから、暗記もはかどりますよ。

■トランプは記憶力アップに最適

そのほかに記憶力アップにつながる遊びは、トランプでも簡単にできます。

座布団を用意して、その上にカードを7枚数字が見える方を上にして置き、すぐに裏返して数字を当てるゲームです。最初は「6！」と数字だけでもいいですし、難しくするなら、「赤の6！」と色を加えて、さらに「ハートの6！」とマークまで覚えるようにすると、深い記憶がどんどん必要になります。カードの数を増やせば、さらに難しくなります。

電車好きの子であれば、路線図を数秒間見て、どれだけ覚えられるかを親子で競うのもいいですね。ただ名前を言うだけでもいいですし、２人で紙に書き出してもいいでしょう。

暗記というとどうしても勉強のイメージが浮かんでしまいますが、そんなことはありません。子供は元来好奇心が旺盛で、どんなことでもやりたがり楽しめるものです。

大人が勉強と思うことでさえ、遊びとして楽しむことができるのが子供です。

ぜひ遊びの中で、子供の好きなものを使って、楽しみながら素質をどんどん伸ばしてあげてください。

七田式

子育てルールその⑥　まとめ

・「縛り」を設けたしりとりで、語彙を増やす

・トランプを使って、記憶力アップ

・遊びながら、記憶力をつける工夫を

七田式

子育てルールその⑦

素質を高めて自由な時間をつくる

■素質を高めて、自分の時間をつくる

記憶の素質を高めておくと、自分の自由に使える時間が格段に増えていきます。なぜなら、勉強にそれほど時間を取られなくなるからです。例えば、平均で30分かかる宿題を、20分でできたとしたらどうでしょう。週に6日宿題があったとすると、1週間で1時間、自分の時間ができることになります。時間はだれにとっても平等に24時間ですから、その中でどれだけ自分の時間を多くとることができるかは、人生の質を左右することにもなるのです。

素質を高めておけば、学生時代の勉強だけでなく、社会に出てからもやらなければならない仕事を早く終わらせることができるかもしれません。素質を高めるということは、その子の人生における自由時間を確保することにつながるのです。

そのために何歳からでもできることがあります。それは、記憶の素質を高めて、暗

記を活用することです。

例えばかけ算九九。ただの暗記ですから、小学校で九九が始まるまで待つ必要はありません。皆さんはどの段まで覚えていますか？　たいていは一桁だと思いますが、これを私は29の段まで覚えるといいとお伝えしています。詳しくは拙著『七田式右脳かけ算マスター』（エコー出版）にゆずりますが、音などに乗せて覚えれば、子供であればすぐに頭に入ります。

二乗の計算も覚えてしまうと、その後の計算時間が大きく節約できます。中学、高校になると、何度も何度も二乗の計算に遭遇します。正方形の面積だけではなく、円や扇形、円錐、円柱など、曲線を伴う図形の計算には、必ず「半径×半径×3・14」が出てきますから。例えば、

17×17×3・14

という計算となったとき、すでに17×17が「289」ということがわかっていれば、わざわざ余白で計算をして数分を浪費する必要はありません。お子さんにはぜひ、二

乗の計算を暗記させてしまいましょう。小中高でどれだけ二乗の計算をさせられるかを考えたら、これを覚える手間など、手間のうちに入らないはずです。

もう一つ、私が暗記をすすめているのが、くり上がりのある足し算です。「なぜ足し算を暗記？」と思われるかもしれませんが、小学生の算数のつまずきは、くり上がりの足し算から始まることが多いのです。指で数えられなくなるからですね。

くり上がりの足し算は、足す数（二つ目の数）を固定します。こんな具合です。

6＋5＝11
7＋5＝12
8＋5＝13
9＋5＝14

幼児期から歌などによって「はちとご、じゅうさん」などと覚えてしまえば、小学校でくり上がりの計算が出たときにも、つまずくことはありません。

もちろん、一方で、なぜ、8＋5が13になるのかということを理解していなければ、文章題など、応用問題でつまずくということはありますが、それはそれ、これはこれです。しっかり理解するための時間を生み出すためにも、速く正確に計算ができるということは、長期にわたってメリットとなります。

数学科出身の悪い癖で、算数・数字の話ばかりしてしまいましたが、素質を高めることで、これらの暗記が容易になり、暗記が容易になれば、より多くのことを覚えてしまうことで、時間を節約できるようになります。特に、小さい頃から記憶の訓練をしていれば、子供の脳はそれに適した脳に育ちます。

■小さい頃から、「覚える」ことを意識的に行う

では、このような記憶の素質を高めるために、親は何をすればいいのでしょうか。できればおしゃべりを始める2歳頃から、いろいろなものを覚えることです。身近なことでいえば、家族の誕生日。自分を含めて5人家族であれば、家族の誕生日はまず

頭に入るはずです。新しく誕生日を覚える際には、それにかこつけて覚えます。「従兄弟の○○君の誕生日は、お姉ちゃんの誕生日の１日前」などといった具合です。５人の誕生日の前後を意識すれば、少なくとも15日は意味のある日になります。それ以外にも、自然に覚えている祝祭日の前後、すでに覚えた誕生日の前後などとしていくと、覚えることができる日にちは思った以上に増えるものです。

意味のない配列である数字に、いかに意味を付与していくかが暗記のポイントになります。

誕生日といえば、林家ペーさんは人の誕生日をたくさん覚えていて、「何月何日」というと、「誰と誰と誰」というように、名前がぱっと出てきます。お会いしたときに、なぜそのように覚えられるのかを聞いたところ、「下積み時代の暗記のせいではないか」とおっしゃっていました。当時は携帯などない時代ですから、師匠から「おい、○○の電話番号は？」と聞かれたらすぐに、「○○の○○○○です」と答えなければならなかったそうです。

そんなふうに、師匠に即答できるようにいろいろ暗記をしていたら、誕生日も頭に入るようになったといいます。一生懸命に誕生日を覚えたのではなく、気がついたら覚えられるようになっていたのですね。これは、記憶が鍛えられたからこその特技です。

誕生日のような数字もいいのですが、私がもう一つおすすめしているのが、俳句です。「5・7・5」のリズムは、子供にとっても覚えやすいため、意味はまだわからなくてもいいので、たくさん暗唱させてもらえたらと思います。

七田式の教室でも、俳句の暗記をするのですが、100、200、300と覚えていくと、アレンジして自分でつくれるようにもなります。パターンを覚えると、応用ができるようになるのです。ですから、3歳の子が「～かな」のような、切れ字を使った俳句をつくったりします。「おーいお茶」に応募して、採用された子も何人かいるくらいです。

脳が成長している途中の2歳・3歳の頃から、このような暗記遊びをたくさんすると、脳の暗記の回路が発達します。脳の回路というのは、使うものは強固になりますが、使わないものは萎縮していくようにできています。記憶の素質を高めるためにも、暗記遊びで暗記の回路を強固にしておくことは大切です。

繰り返しになりますが、覚えるものはなんでもいいのです。子供が好きなものでかまいません。モンスターの名前でも、電車の名前でもいいのです。試験には出ないかもしれませんが、それによって暗記の回路は強固になりますから、後の勉強に暗記という側面でプラスになります。モンスターが好きなら、進化形も覚えるように促したり、電車が好きなら駅の名前も一緒に覚えたり、どんどん覚えることを増やしていきましょう。好きなことなら、負担にはならないはずです。私も息子と一緒にポケモンの名前をたくさん覚えましたよ。ちゃんと進化形まで3段活用です。ヒトカゲ・リザード・リザードン。親も一緒に覚えてくれれば、子供の暗記にも熱が入るはずです。

七田式

子育てルールその⑦ まとめ

・小さい頃から「覚える」ことを意識する
・覚えるものは、好きなことでよい
・誕生日、俳句は、興味が定まる前の小さい子にもオススメ
・「二乗の計算」「繰り上がりの足し算」などは、暗記をしてしまう
・暗記遊びは、脳の暗記の回路を太くする

七田式

子育てルールその⑧

愛のある
コミュニケーションを
とる

■愛は自然には伝わらない

毎日忙しく過ごしていると、当たり前にしなければいけないことをついつい後回しにしてしまいます。それは子供に「愛している」という気持ちを伝えることです。仕事も家事ももちろん大切ですし、休むことはできないかもしれませんが、1日数秒、数分でいいので、意識して子供に愛を伝えるようにしたいものです。愛というのは、自然に伝わるものではありません。「伝えよう」と思い、そう行動しなければ伝わらないのです。

そのために一番いいのは、スキンシップです。

お子さんが小さければ小さいほど、抱っこしたり、手を繋いだりが自然とできるはずです。直接肌と肌が触れ合うことで、温かみを感じ、愛されているという感覚を持つことができるのです。重くなってくるとなかなか大変かもしれませんが、いつもバギーに乗せるのではなく、抱っこやおんぶをしてあげると、ママやパパの温もりを直接感じることができるため、子供は安心することができます。

大きくなると、なかなかそのような機会が少なくなってくるのですが、背中をなでたり、ポンッとたたいたりはできますね。うれしいときのハイタッチなどもいいでしょう。

一緒に遊ぶこともスキンシップになります。お父さんであれば、肩車などは子供が大喜びするスキンシップの一つです。「高いたかい」や、子供を足に乗せて「飛行機〜」と飛ばしてあげるなど、親御さんとのふれあいの中での遊びが、子供は大好きなのです。

普段の生活の中でも意識をするだけで、スキンシップの機会を増やすことができます。なるべく一緒にお風呂に入ったり、爪を切ったり、添い寝をしたり。「もう１人でできるからいいや」「きょうだいと一緒にできるからいいや」ではなく、スキンシップの時間と考えて積極的に子供とくっついている時間を増やしてください。

大きくなると、だんだんとその時間は減っていきます。お子さんがくっついてきたがる時期は貴重！と心得て、親の方からも積極的に。

表情で愛を伝える

スキンシップがあまり得意ではないという場合は、「和顔愛語」という方法があります。これがスキンシップの次に大切だと私は考えています。もとは仏教語なのですが、「平和な顔、優しい表情、やさしい眼差し」を意味します。「和顔施【わがんせ】」「愛語施【あいごせ】」などといわれることもありますが、表情や言葉で愛を伝えること自体が、施しになるということです。

これはお金がかからなく、誰でもできることです。お母さんが1日3秒でもいいので、子供を見つめてニコッと笑ってあげることで、親子のコミュニケーションは驚くほど良くなります。

子供というのは、親の表情を本当によく見ています。むすっとしていれば「近づかないようにしよう」「話しかけないようにしよう」と、子供なりに考えて行動しています。これでは子供も家でくつろぐことができません。

一緒にいてくつろげるママと、一緒にいて緊張を強いられるママ。どちらと一緒にいたいかといえば、考えるまでもなく、くつろげるママですよね。ママ、パパがそろっていつもイライラしていたら、子供は家の中で落ち着くことができなくなってしまいます。

笑顔でいることはそれだけで、子供を愛の中で育てる方法になっているのです。「私には子供にしてあげられることが何もない」と悩んでいるママであっても、笑顔でいることはできるはずです。それはともすると、金銭的なサポートにも増して、子供の成長を支えることになります。

■子供の話を聞くことも、愛情の一つ

そしてもう一つ大切なのが、子供の話を聞くということ。

「ねえねえ、ママ」と言ってきたら、「話を聞くことを意識して」しっかりと耳を傾けてください。

この「意識する」ということは、とても大切です。

忙しいママたちは（そして大抵忙しいときに子供は声をかけてくるものですから……）、食事の支度や洗い物をしながら、「ながら」で聞いてしまうことが多いからです。目も顔も見ずに話を聞いている相手に、話したいという気持ちは起こりません。

できれば手を休めて、そうでなくても目を見て、話を聞いてください。そして「それから？」「その後どうしたの？」などと質問して、話を引き出してあげてください。これらの質問は、「あなたに興味を持っているよ」という親側からのサインとなります。そうすると、子供もママは自分に興味を持ってくれている、大事にされている、という感覚を持つことができます。

子供はママの笑顔を見るために生まれてきたようなものなのに、そのママがいつも怖い顔をしていたら、とてもやるせない気持ちになってしまいます。産婦人科医で、池川クリニック院長の池川明先生によれば、子供というのは生まれる前に母親を選び「この人を幸せにしよう」と思って生まれてくるそうです。ですからぜひ、たくさんの笑顔をお子さんに向けてあげてください。お子さんはママの笑顔を見ると、心のどこか奥深いところで「自分の存在がママを幸せにしている」と感じるはずです。それはお子さんの自己肯定感を非常に深いところから支えることになるでしょう。

2年生のユウタ君が、ある夜、布団で寝転びながらママに質問をしました。漫画の中でわからない言葉があったようで「ママ、『あいじょう』って何？」と聞いてきたのです。ユウタ君のママは背中をなでながら、「ママがユウタにいつもあげている気持ちのことだよ」と言うと、すぐに「大好きってこと？」と答えてくれたといいます。意識してスキンシップをしたり、笑顔を向けたりしていると、こんなふうにお子さんから「ちゃんと伝わってるよ」と、教えてもらえることもあるかもしれません。

七田式

子育てルールその⑧ まとめ

- 愛情を伝えることを意識する
- スキンシップで愛情を伝える
- 笑顔で、表情で愛情を伝える
- 話を聞くことも、愛情を伝える手段になる

子供には子供のテンポがある

我が家は子供たちが小さい頃から共働きでしたから、子供を保育園に連れていく朝は、それはそれは大変でした。

出勤の準備をしながら、子供たちのおしりを洗って、着替えさせ、保育園に行く用意をして、熱を測って連絡帳に記入し、背広を着て「さあいくぞ！」と出かけようとしたら、下の子のオムツに異変が……。背広を脱いで、さっきの繰り返し……というわけです。

次から次にしなければならないことが勃発して、親の方はおおわらわなのですが、子供たちはいたってマイペース。いつも通りのんびり準備をしています。そんな子供たちを見て「どうして急いでくれないの！」と言いたくなってしまうのですが、実は子供にも事情があります。

親が急ぎたくても、「急いで！」とお願いしても、そのテンポはそう簡単に変えることはできません。子供は親のスピードに無理やり合わせることはできませんし、たとえ本人が「急ごう」と思っても、どうもうまくいかない。子供には子供のテンポがあり、簡単にそのテンポを崩すことはできないようなのです。

小学生になると、少しは急げるようになるかというと、そううまくはいきません。親が急いでほしいときには、やはりなかなか急げないのですが、友達との約束やクラブ活動の待ち合わせには、あっという間に出かけてしまったり。「やる気になれば、本当はできるじゃない！」と叫びたくなることが何度あったことか。

結局私たち親にできることは、時間に余裕を持つことしかない、というのが子育てをこれまでしてきての結論です。

現在、小さなお子さんを抱えて、毎朝バタバタしてしまうなら、子供を早く寝かせて、早く起こすのが一番。習慣になるのにはそれなりの時間がかかるかもしれませんが、子供だって眠い目をこすりながら朝の準備をするよりも、目覚めてスッキリしてからのほうが、準備もはかどるはずです。

子供には独自のテンポがあり、親のスピードにはついていけない。そうわかった上で親が対策を立てれば、もう少しスムーズにお出かけができるかもしれません。

第4章

親の影響は本当に大きい！
ママとしてあるべき姿

「勉強」と「愛」、どちらが先？

もちろん「愛」が先にきます。愛されていることを感じている子というのは、自分を大切にします。大切な自分の人生を形づくるために必要であれば、勉強もするようになります。愛というのは、見えない形で子供の勉強の原動力にもなるのです。

愛を伝えるためには、3章でお話ししたような、具体的なコミュニケーションをとることが必要です。講演会などで皆さんにお伝えしているのですが、愛というのは伝えようとしなければ、伝わらないものだからです。

スキンシップをとる、笑顔を見せる、話を聞いてあげる、絵本を読む。しかし、そうしたほうがいいとわかっていても、どうしようもなくイライラしたり、落ち込んだりすることがあるものです。ママだって一人の人間ですから、それは当然です。

学校や塾の先生であれば、オンとオフがありますから、いつも仕事としてオンの状態で生徒に接することができるでしょう。しかし、ママにはオンもオフもありません。四六時中子供と一緒にいるママには、自分を飾っている時間などないからです。「いつも笑顔で」「いつも上機嫌で」と言われても、できないときにはできないのです。それこそ、母親を演じてばかりいたら、疲れ果ててしまいます。

理想的な母親である必要はありません。肩の力を抜いていいのです。

イライラしてしまったり、子供にあたってしまったとしたら、それを子供にあやまりましょう。「昨日はお母さんイライラしてて、ごめんね」「○○ちゃんにあたっちゃったね。本当にごめんね」。そんなふうに、子供にあやまってみてください。きっとお子さんは「いいよ」と言ってくれるはずです。子供はママに非常に寛容なので、きっと許してくれます。

先にお話ししたように、この子供にあやまるということには、副次的な効果もあります。子供は大人の態度を見て、人との関わり合い方を学んでいきます。親が子供に対してもきちんとあやまる姿勢を見せていれば、子供も何かあったときに、自分からあやまることができるようになります。これは、「あやまりなさい！」と叱るよりも、ずっとずっと効果があります。

理想通りになれない自分を責めるのではなく、それさえも子供の教育になるとしたら、ちょっとほっとすることができるのではないでしょうか。生身の自分を見せることは、子供のいいお手本になります。もちろん、失敗してしまうこともあるかもしれませんが、それはそれでいいのです。そのときには、ちゃんとあやまればいいのですから。

愛と対極にあるのは「無関心」です。これが一番いけません。

実はこんな実験があります。三つのみかんを用意して、一つには「おいしそう」と毎日声をかけます。次のみかんには「まずそう」と声かけをします。そして最後のみかんはスルーして声をかけません。すると、最初に腐るのは、無視をしたみかんだったのです。

みかんでさえそうなのですから、それが子供だったらどうなるでしょう。子供が一番辛いのは、叱られるよりも無視されることなのです。

叱られることがわかっていて、わざといたずらをしたり、意地悪をする子がいます。これは「叱られてもいいから、お母さんに自分を見てほしい」という健気なアピールなのです。生まれた小さな弟や妹に、意地悪をしてしまうお兄ちゃんやお姉ちゃんがいますが、これは、ママの気を引くためにしているのです。これまでママの愛情を一身に集めていたのに、下の子が生まれてから全然自分のことをママが見てくれなくなった。無視されるくらいなら、叱られたほうがまだいい。

そんな究極の選択をしている子供もいるのです。

親の役割は、やる気を育てること、筋道を見せること

子供が小さな頃には、「健康でいてくれればいい」とだけ思っていたはずなのに、いつのまにかママたちの頭の中で「勉強」の存在感が大きくなってきます。そこでつい、「勉強しなさい！」「宿題終わったの？」といった声かけが、多くなってしまうのです。

これは私自身、20年以上子育てをしてきて感じているのですが、親に「やりなさい」と言われたら、しぶしぶ勉強する子を育てても、意味がないのではないかなと。誰かにお尻を叩かれないと何もできないのでは、ちゃんと育てたことにはなりません。自発的に行動する子に育てなければ、親も安心して子離れすることができません。

それに、子供というのは欲しいものを買ってもらうよりもずっと、自分に力がつくことのほうが嬉しいのです。字が書けるようになった、計算が速くなった、跳び箱が飛べるようになった。自分がレベルアップをしていくことが何より嬉しいはずなのです。

とはいえ、ただ放っておくだけでは勉強しないのも事実です。そのために親は、ちょっとのやる気を持ち上げたり、ちょっとした成功をほめたりするなど、直接的ではない介入が必要だと思います。そのためには、子供をしっかり見ていなければなりません。

息子が中学1年生のときのことです。そろそろ期末テストという頃のある晩、突然「期末テストがあるから、問題集を買ってほしい」と言いました。これまで「漫画を買って」と言われたことはあっても、問題集は初めてのこと！　ちょっと感激して「やる気が出てきたじゃん！　わかった。買いに行こう。試験はいつなの？」と聞いたところ、「うん、明日」と……。まだ書店が開いている時間だったので、息子を乗せて、車を飛ばしたのを覚えています。明日というのには驚きましたが、「その気持ちは評価に値する」ということだけは伝えました。

このように、子供がちょっとしたやる気を見せたときがチャンスです。そのチャンスを生かして、次の勉強につなげていきましょう。

勉強は、細かいことを教える必要はありません。

中学生くらいになると、内容も難しくなりますから、親が簡単には教えられなくなるものです。また、歴史などは親が習ってきたことと変わっている場合もあります。

ただ、先にお話ししたように、解いても丸付けをしないなど勉強の仕方自体を知らない場合がありますから、そこは親が見つけてやり方を教える必要があります。

勉強に関しては、手をかけるより、目をかける。勉強を頑張ろうとしている、頑張っているところを見つけて、それを応援してあげるほうが、子供は自分自身で取り組むようになります。

いつまでもそばについて教えてあげることはできませんから、子供がこれから先、一人で学んでいけるような方法を身につけることができるように、サポートしてあげてください。


そしてもう一つ大人ができることがあります。

それは、道筋を示すことです。これはレールに乗せるということではありません。

もし、お子さんが「獣医になりたい」と言ったら、そのためにはどのような勉強が必要なのかを、調べて示してあげるのです。大学では6年間の勉強が必要なこと、その後に国家試験があることなど、大まかなこれから先の道筋を示した上で、今そのためにできるスモールステップを伝えてあげられるといいですね。

「そうか、今は算数を頑張っておくといいんだ」「じゃあ、今日はこの問題集を3ページやろう」などのように、漠然としている夢を今できることに落とし込んでいくことができるようになると、勉強はいやいやするものではなく、夢を叶える手段になります。

頑張る姿を見て「将来、あなたはきっとみんなの役に立つ獣医さんになれるよ」などと声をかけていけば、お子さんも頑張り続けることができるはずです。

子供はまだ数年、十数年しか生きていませんから、なかなか先を見通すことができませんし、夢を叶えるための具体的な道筋もわからないものです。そこは人生の先輩として、親御さんが伝えていけるといいですね。

将来の子育ての見本になる

どんな子育てをしたとしても、お子さんが将来子育てをする見本となるのは、この本を読んでくださっている親御さんとなります。理想的な子育てができればいいのですが、なかなかうまくはいかないもの。良かれと思ってしたことが、裏目に出てしまうこともあるでしょう。

親も人間ですから、失敗することもあります。ずっとカッコをつけていることもできません。であるとしたら、親にできることはなんでしょうか。それは「一生懸命子育てをする」ということです。

一緒にいる時間が限られていたり、仕事や家事に追われてなかなかゆっくりできなかったりということはあるでしょう。子育てをする理想的な環境を整えることができないかもしれません。そうであったとしても、自分のできる範囲で一生懸命子育てをすればいいのです。

後で振り返ったときに、「最高ではなかったかもしれないけれど、あのときはあのときの精一杯であなたたちの子育てをしたよ」と胸を張って言えれば、それでいいのだと思います。

子供が成長する環境は、親しかつくれない

子供は成長する環境を選ぶことができません。

子育てというと、ともすると直接どう関わるかに重点が置かれるものですが、育つ環境も、大きく影響を与えます。

例えば、本をたくさん用意するということは、我が家で行った環境づくりの一つです。家に絵本や本があふれていれば、自ずと子供は手を伸ばすようになります。本がある環境が、本を読む子の最初の一歩になるのです。

絵本から始まる読み聞かせで、子供はたくさんのことを学ぶことができます。

小さい頃であれば特に、子供は絵本の登場人物に深く感情移入することができます。絵本の中の登場人物と同じように、ドキドキしたり、ハラハラしたりすることができるのです。登場人物が感じる悲しい感情や悔しい感情、後悔、うしろめたさなども感

じることができるでしょう。絵本を通じて子供は、人とのコミュニケーションのとり方を学ぶことができるのです。

「いじめはいけないことだよ」と、単に親が伝えるよりも、絵本の中のいじめっ子、いじめられっ子の気持ちに実際になってみたほうが、ずっといじめということに対して考えることができるものです。このように、絵本を通じて、自分で考える力、他の人の気持ちを感じる力を養うことができるのです。

また、読み聞かせを通じて、集中力を育てることもできます。

絵本であれば1冊5分程度、子供はじっと集中することになります。人の話を意味を理解しながらしっかり聞くという練習になるのです。これは学校で先生の話を聞く態度につながります。

ですから、読み聞かせをする際は、途中の質問はなしにしましょう。本を読み終えて初めて、質問をするようにしておくといいですね。まずはわからないところがあっても、最後までストーリーを追う習慣をつけましょう。

英語などで考えるとわかりやすいかもしれませんが、わからない単語が出てきても、読んでいくうちに文脈の中で理解できたり、後の文章の中で説明されていたりするものです。不明な単語が出てくるたびに辞書を引いていたら、読み進めることはできません。

集中力をつけ、文脈の中で理解する力を育てるためにも、質問は後回しなのです。

近ごろは一人っ子も多いため、きょうだいがたくさんいれば自然に学べる「がまんする心」や「譲る心」、人との関わり方などを学ぶ機会があまりないお子さんもいます。しかし、そういうお子さんも、絵本の中で主人公に感情移入したりすることで、「こういうときは、そうすればいいのか！」と学び取ることができます。

また、きょうだいがいれば、彼らが叱られたり、ほめられたりする姿を側で見ていて学ぶことができるのですが、そういう経験不足な面も、絵本で疑似体験することで補うことができるのです。

そして、愛情豊かな感動的なストーリーにたくさん触れることで、人の気持ちのわかる、心の優しい子が育ちます。例えば、お子さんの誕生日に、「生まれてきてくれてありがとう」というママの気持ちを表した本を読めば、それはお子さんの心に響くはずです。

家庭はいちばん最初のコミュニティー

夫婦仲も、子供が生活する環境の一つと考えることができます。

いつも喧嘩ばかりしている夫婦のもとでは、子供は安心して過ごすことができません。学校で気を張り、家でも同じように気を張っていたら、どこで気持ちを落ち着かせたらいいのでしょうか。

もし将来、家庭を持った形で自立してほしいと願うのであれば、今できることは夫婦仲の良い姿をお子さんに見せることです。もしそれが難しいなら、せめて子供の前では喧嘩をしないこと。それだけは徹底しましょう。

「結婚なんてしたくない」と言っている子供の話を聞くと、「楽しくなさそう」「めんどくさそう」などという言葉が出ることも。子供の最初の結婚感は家庭で培われることを考えると、お子さんからそのような言葉が出てきたら、ちょっと反省する必要がありそうです。

家庭というのは、一番小さなコミュニティーです。社会に出て一人で生活していくためには、まずは家庭の中で家族の一員として、自分の役割を果たしていくことが大切です。

お手伝いもそのうちの一つです。「お手伝いなんていいから、勉強を」というご家庭もあるようですが、「自分の力で生きていける子にする」ということを考えたとき、それが正解とはいえません。

社会に出たとき、その子が仕事がしやすいように、周りがお膳立てしてくれることはありません。そうであるなら、まずは家庭で「役割を果たすことが当たり前」「自分はコミュニティーの中の一員」という意識を育てていくことが大切なのです。

「金銭的な余裕がないから、いい環境を与えられない」と悩む方もいます。しかし、子供の幸せ度と金銭的な豊かさは、必ずしも比例するものではありません。余裕があるばっかりに、塾や習い事に忙殺されゆっくりする暇もない、という子もいます。両親が忙しく働きすぎて、外食ばかりで食べ飽きた……という子もいるでしょう。

子供たち3人がまだ幼い頃、私自身が経営する会社の業績が厳しかった時期がありました。その頃は金銭的にも時間的にも余裕がなく、なかなか笑顔も出なかったのですが、たまにはゆっくり外食しようと回転寿司に行くことがありました。私を含めみんながニコニコして「おいしいね！」と言いながら好きなものを食べたそのときのお寿司は、どんな高級寿司よりもおいしく感じたものです。

他人の芝生は青く見えてしまいます。それは大人も子供も同じです。もし、お子さんが「○○君の家は、なんでも買ってくれる」「○○ちゃんの家はいいな～」などと言い出したら、そこで一度きちんと話をするのもいいと思います。「それは○○君の家のことでしょ。うちはそうじゃない。でも、うちにだっていいことがいっぱいあると思うよ。考えてみて」「みんな、『チーム七田（皆さんの名字）』のメンバーなんだから、一緒に楽しもうよ」。こんなふうに話をできたらいいですね。

「欲しいものがない」という子もいます。それはなんでも与えられすぎているからなのです。そういう子が幸せかといえば、そうとはいえません。大人になって私たちの心に残っているのも、やっと買ってもらえた靴や、誕生日に連れて行ってもらったレストランなど、特別な思い出のはずです。いつも新品のものを買ってもらえる子や、常に外食をしている子に、このような喜びはありません。

与えられすぎている子は、自分から手に入れるという意欲を持つことができません。受け身でいることに慣れてしまうと、人生の選択においても受け身のままということになりかねません。目標を見つけて、それに向かって自分で学べる子というのは、自分に足りないものを埋めあわせるべく頑張れる子なのです。

答えは子供の反応から受け取る

これまでたくさんのアドバイスを求められてきましたが、子育てのアドバイスほど難しいものはありません。私は若い頃、数学の家庭教師をしていたことがあるのですが、数学であれば、ある程度解法が決まっていますから、一般的なアドバイスが生きる機会は多くあります。しかし、子育てでは、その一般的なアドバイスが当てはまらないことも多いのです。

それは、その子に合っていないということもありますし、時期尚早ということもあります。そのアドバイスは他の子には当てはまるかもしれないし、同じ子であっても1年後には当てはまっているかもしれないからです。成長中の子供が相手のことですから、万人に当てはまるアドバイスはないものだと、教育業界に35年いる私も、つくづく思うことがあります。

そういった意味においては、この本の内容も鵜呑みにしてもらいたくはないのですが、そうであっても経験則として多くの子供に当てはまる内容というものがあります。本書の内容もしかりです。

何か新しいアプローチをする場合、ぜひお子さんの反応をよく見てください。そこでお子さんがどんな反応を見せるかで、それを続けるのか、やめるのかを見極めていきましょう。習い事もそのうちの一つです。

私は娘が3歳の頃、兄も習っていたピアノ教室に連れて行き始めたことがあります。しかし、やる気が育っていなかったために、2か月くらいでやめることになってしまいました。それから数か月経って、今度は自分から「ピアノをやりたい!」と言いだしました。何事にも始めるタイミングがあるものだと思わされた出来事でした。

このように、子供にもタイミングというものがあります。やりたいと思ったときが、それを始めるのにベストなタイミングです。親はついつい「3歳までに始めなければ」などと余計な思い込みをしてしまうものですが、いくら早く始めたとしても、いやいや続けているのであれば成長は望めないものです。

また、たとえ親が思う反応が得られなかったとしても、がっかりすることはありません。ピアノを習ってほしかったけど興味がないなら、他の楽器、他の習い事にチャレンジするいいチャンスだからです。ピアノを習いたがらないからといって「この子は音楽が嫌いなんだ」と簡単に諦めるのは、もったいないことだと思います。もしかするとお子さんは、他の音楽に興味を持っているのかもしれません。

兄弟そろってサッカーをしている、姉妹そろってピアノを習っている、というご家庭がありますが、それは本当にお子さんが好きなことなのでしょうか？　習い事を決める際、子供の本当に好きなことを選ばせると、それぞれ違う習い事になるのは実はよくあることだからです。

三姉妹のあるご家庭では、お姉ちゃんは水泳、妹はプログラミング、末っ子は三味線を習っています。「それぞれ好きなものが全く違うので、習い事の送り迎えが大変です！」とお母さんはおっしゃっていますが、それぞれが始めてから今まで、やめることなく数年にかけて続けているそうです。お姉ちゃんはすでに水泳の選手コースに入り、朝から晩まで練習漬けだといいます。

子供の本当に好きなことを見つけるためには、トライ&エラーが続きます。いろいろな体験をさせて、空振りばかりということもあるでしょう。しかし、この「好きなこと探し」は、ぜひとも親御さんに頑張っていただきたい部分です。

好きなことが見つかった子は、それこそ放っておいても、その場で成長していきます。先の三姉妹であれば、オリンピックを目指す長女、アプリ開発にはまっている次女、コンクールを控えた三女など、親がそれほど手を出さなくても、自分が目指すべきものに向かってそれぞれがぐんぐんと伸びていくのです。「なんとなくですが、この子たちはこの先も大丈夫なのではないかと思います」というのは、お母さんの言葉。自分の好きなことに真剣に取り組む娘たちを頼もしく思っているお気持ちが、この言葉から伝わってきます。

子育てのゴールは子供を自立させること

子供たちが小さい頃、我が家ではなるべくジュースを飲ませないようにしていました。家では置いておかなければいいので問題ないのですが、レストランなどに行くと困ります。子供たちも「ここでは飲めるのでは⁉」とそわそわし始めます。そんなときに私はメニューを見て、「ああ、残念だけどこのお店にはジュースはないよ」と伝えていました。

ところがある日のこと、息子がメニューを見て「お父さん！ ここにジュースって書いてあるよ‼」と声をあげました。文字が読めるようになり、メニューの中のカタカナもわかるようになっていたのです。このときの息子の誇らしげな顔は今でもよく覚えています。何か大きな一歩を自分で踏み出したような顔をしていました。「これからは、ジュースだって、アイスだって、何でも食べたいものを食べるぞ！」と思っていたかどうかはわかりませんが、その日は息子が「社会に参加した日」となりました。自分の力でメニューを読んで注文を決めることができたからです。

いつもは禁止するジュースも、この日ばかりは記念日ということで、好きなジュースを頼みました。

これはある意味、自立の第一歩となりました。

息子は「字が読めるということのメリット」を肌で感じることができただけでなく、「親の言いなりにならずにすむ」ということも学ぶことができたからです。自立の気持ちがあったとしても、そのすべを持たなければ（例えばメニューが読めなければ）、そのように振る舞うことはできません。しかし、字を学ぶことで少なくとも親の言いなりになることを回避できたわけです。

「いやいや」の多さに疲れ果てているという相談もよくありますが、これも私は「自立の一歩ですよ」とお伝えしています。

イヤというのは、「親の言いなりにはならない」というサインです。ですから逆に、なんでも親の言った通りに動いてくれる子供のほうが心配です。そこには、自立心が芽生えるときには必ず、親との衝突があるものだからです。

私たちは子供を自分で考えて、自分で学ぶ、自立した子に育てたいわけですから、そういった意味において、子供との衝突を回避することができません。衝突は自立心の芽生えとして、受け入れていくしかないのです。

とはいえ、いつも「イヤ」ばかり言われていると、親も疲れてしまいます。

そんなときには、選択肢を示してあげることが、助けとなります。特に小さい頃であれば、イヤイヤの内容は身の回りのことになることが多いでしょう。食べるのがイヤなら、「お魚とお肉、どっちにする?」と聞いたり、お風呂がイヤなら「お風呂でもシャワーでもいいよ。どっちにする?」と聞いてみたり。選択肢を示すと、すべてのことにイヤと言っていた子でも、ある程度は落ち着いて選んでくれるものです。それは選択肢を提示することで、「あなたの意見を尊重するよ」というメッセージを親が発しているからなのです。

アメリカインディアンの教えと言われる「子育て四訓」には、自立へつながる子育てに、どのように向き合うべきかが示されています。

乳飲み子からは肌を離すな
幼児は肌を離して手を離すな
少年は手を離して目を離すな
青年は目を離して心を離すな

子供の成長に応じて、私たちも子供への接し方を変えていかなければなりません。そして最後まで、心を離してはいけないのです。

乳飲み子からは
肌を離すな
幼児は肌を離して
手を離すな
少年は手を離して
目を離すな
青年は目を離して
心を離すな

愛と厳しさと信頼を持つこと

私もそうだったのですが、七田家では15歳、高校生で家を出ることが決められています。ですから、中学3年生までしか同じ屋根の下で一緒に過ごせないのです。そうなると、15歳までにある程度子供を信頼できる状態にしておかなければなりません。そうでなければ、不安で子供を家から出すのをためらってしまうかもしれません。

自立には二つの面があります。

一つは自分のことが自分でできるということ。もう一つはやっていいこととといけないことの判断、つまり善悪の判断がつくことです。15年ではなかなかそううまくはいきません。しかし、タイムリミットがある分、こちらも真剣に子供を自立させる努力をするようになります。

そうなるとある程度厳しさも必要です。ここで自分が言わなければ、子供の自立から遠のく、と思えばなおさらです。家事はある程度できなければいけませんし、さまざまな判断を自分でできるようにしておかなければなりません。そういった練習を日常の中で積んでいくことになります。

そして善悪の判断をつけるためには、まずは精一杯の愛情を注ぐことです。その上で、ダメなことはダメという厳しさが必要です。自分が愛されていると知っている子は、大きく道を外すことはありません。ふっと魔がさすようなことがあっても「そんなことをしたら、親が悲しむ」と、手前で踏みとどまることができるものだからです。

また、小さい頃から人の気持ちを傷つけたり、人の体を傷つけることに対して、厳しく注意をされていれば、何が悪いことなのかということはおのずとわかるようになります。

善悪の判断というのは、それを親が間違ってしまうと、子供も間違った価値観を持つようになります。極端な例ですが、父親がいつも母親に手をあげていれば、子供は「人に手をあげてはいけない」という価値観を持つことはできないかもしれません。親の善悪の価値観は子供に伝わるものだからです。

また何か起こったときに、どれだけ真剣に子供を愛し、厳しく向き合ってきたかというのは、親子を支える拠り所となります。例えばなんらかの傷害の疑いをかけられたときに「この子はそんなことをする子ではありません」と言えるかどうか。つまりは子供を信頼できるかどうか。もちろん、子供も誤って加害者になってしまうこともあるかもしれません。そうであっても、親が「信頼している」という姿勢を見せることは、その子のこれからにとって大きな支えになるはずです。もう二度と信頼を裏切らない。そう思う子もいるでしょう。

愛されている子は、相手も自分自身も大切にすることができるものです。そして善悪の判断を厳しくしつけられれば、しっかりとした信頼関係を結ぶことができるでしょう。七田式の子育ての三種の神器である「愛　厳しさ　信頼」は、子供の自立へ向けて欠かせないものなのです。

「自立が大事だ」とはわかっていても、親はどうしても手を出したくなってしまいます。失敗しそうであればそれを回避したくなるし、悩んでいたらその悩みの種を取り除いてあげたくなるものです。しかし、命の危険のない限りは、できるだけ子供にさせたほうがいいのです。

我が家では、小さい頃から料理を手伝わせていました。包丁に、ガスの火、危なっかしいことも多々ありますが、子供はどんどん腕を上げますから、小学校の高学年になった頃には危なっかしさは随分となくなりました。息子が5年生の頃、9時頃に私が戻ると、寝ていた息子が起きて来て、「お父さん、お腹空いてない？　僕がなんか作ってあげるよ」といって、目玉焼きと調理済みではありますが焼き豚を焼いてくれたことがあります。それをつまみに飲んだその日のビールは格別なものでした。

「この子は私がついていなきゃダメなんです」と言うママがいます。娘さんが10歳の今はそれでいいのですが、それはいつまでですか？　15歳、20歳、25歳？　どこかで子供のほうから「もういい加減にして」と言われるときがきます。しかし、親子ともに自立の準備をしていないと、子供は離れたいと強く思っていても自立できない、親も不安で手放せないという非常に不安定な状態に陥ってしまいます。

七田家のように、高校になったら家を出るというのは極端だと思われる方もいるでしょう。しかし、決してそんなことはありません。全寮制の高校に通う生徒は、海外赴任、転勤などの理由もありますが、我が家のように子供の自立を促すためという層が一定数存在するのです。

私は父に「中学を卒業したら、なぜ僕たちきょうだいを寮に入れようと思ったの？」と聞いたことがあります。我が家は私だけでなく、妹も弟も高校から寮に入ったからです。父は「あなたたちの自立を早めようと思ってしたことだよ」と言っていました。

確かに寮に入ったことで、自分のことを自分でするのが当たり前になりました。洗濯では洗剤が服に残るくらい入れすぎたり、初めて炊いたご飯は炊飯器からあふれるほどパンパンになったりしましたが……。もちろん高校生のうちは経済的な自立はしていませんが、自立への準備として寮生活はかけがえのないものとなりました。

子供には自分自身で学び、生きていってもらわなければなりません。

子育てとは、そのための準備の日々であるともいえるのです。

子育てを楽しむ

この本を手にとってくださっている親御さんの中には「そうは言っても、やっぱり子育ては大変すぎて楽しめない！」という方もいるかもしれません。

特に生まれてから小学校に上がるまでの子育ては、手がかかります。お金も、時間もかかって、睡眠時間も十分にとれません。しかし、子供と一緒になって奮闘する期間というのは、この時期まで。小学校に入ってからは、親子ともに自立を意識していかなければなりません。小学校へ行けば、物理的にも一緒にいる時間は減りますし、子供は学校という親の目が届かない世界で１日の大半を過ごすようになります。

ですから、この小学校へ上がるまでの間が、子育ての最初の大きな頑張りどころなのです。

もちろん完璧にいくことはないでしょう。なぜなら最初の子供が１歳なら、親としての自分も1歳でしかないからです。10歳になったからといって、「10歳の子の子育て」は初めてなのですから。2人目、3人目になればだんだんと要領を得てくるかもしれませんが、それにしても、「初めての女の子の子育て」であったり、「三男の子育て」であったりと、いつになっても新たな経験にあふれているのが子育てなのです。

ですから、うまくいかないと悩む必要はありません。完璧な親などどこにもいませんし、誰もが自分の置かれた場で、悩みながら子育てをしているのです。

もし今子育てが楽しくないとしたら、一つには親子関係がうまくいっていないと感じているからかもしれません。お子さんが笑顔を見せてくれないのかもしれませんね。二人のお嬢さんがいてとても幸せそうなママから、以前、こんな相談がありました。「二人目が生まれてから、長女をかわいいと思えなくなってしまいました……」。お母さんを妹に取られたと思ったお姉ちゃんが、これまでの笑顔を見せてくれなくなったのかもしれませんし、赤ちゃんに手がかかるママ自身に余裕がなく、ママの気を引くためにいたずらをしたりする長女を厳しく叱っているのかもしれません。叱られた長女は、また母親の気を引くために悪さをする。悪循環にはまっているのです。

このようなときには、そのときは本当はそう思っていなくてもいいので、「あなたのことが大好きよ」と上のお子さんに言ってみましょう。1日に10回は言ってみます。お子さんも最初は信じてくれないでしょう。「そんなこと言ったって、やっぱり妹がかわいいんでしょ?」と。しかし、毎日毎日言い続けているうちに、「そんなに言ってくれるのだから、もしかしたら本当かも……」と思うようになるものです。そうすれば、ママへまた笑顔を向けてくれるようになります。子供が笑顔を見せてくれれば、ママの気持ちも変わっていくものです。

もう一つ、子育てが楽しくないという理由の根底にあるのが、「自分が犠牲になっている」という気持ちです。出産、子育てのために好きな仕事を辞めた、家事と育児に追われて、自分の時間が全くない。社会から取り残されたように感じるママも少なくないかもしれません。

もし、そんなふうに自分が犠牲になっていると感じているなら、自分自身の自己実現のために積極的に動き始めましょう。特に子供が小学生になれば、時間がとれるようになるはずです。仕事でも、趣味の活動でも、ボランティア活動でも、自分の力を生かせる場を見つけて、活動を始めるといいでしょう。

そしてそれは子供のためでもあるのです。

「私の人生の一部は、子供の人生」のように考えていると、それは子供にとって大きな重荷になります。なぜなら子供は「ママのために成功しなければ」と感じるようになるからです。そうでなければ、子供はあっさりと親を振り切って、自分の世界に進んでしまいます。親は簡単に子供を手放せませんが、子供はふいっと離れてしまうことができるものです。子供を自分の人生の一部としていると、そのときの喪失感は並大抵のものではありません。

私自身、同じような思いをしました。海外の高校への留学を決めた娘が、見送りに来た親を振り返りもせずに、新しい仲間とニコニコ話しながら搭乗口へと消えていく。涙ぐんでいるのは、残された親ばかりです。

私は、父親の事業を継ぐ形で、独身の頃から幼児教育に関わってきました。そのため、早く子育てをしたいという思いがとても強かった。ですから、一番幸せだったのは、結婚して子育てができるようになったことでした。もちろん大変ではありました。

仕事が忙しいときは、夜8時に一旦家に帰り、子供たちと晩御飯を食べ、10時には会社に戻り1時頃まで仕事をする。そんなふうに過ごしたこともありました。

体力的には辛かったのですが、今振り返るとそんな時間がとても貴重で、宝物のように思えます。今、子育ての真っ只中にいて、疲れていたり、辛い思いをしたりしている方もいるかもしれません。でも、お子さんと一緒に一つ屋根の下で過ごせる期間というのは、そんなに長くはありません。

実はそのなんでもない1日1日が、とてつもなく貴重な時間なのです。

子供が本当にうれしいこととは？

娘が4歳くらいの頃のことです。お兄ちゃんが勉強していると、そばに寄ってきて「おべんきょーするー」と言って仲間に入ろうとしてきました。この頃の娘にとって勉強とは、「パパと一緒にできる、なんだか楽しいこと」というイメージだったのだと思います。ちょうどひらがなが少し書けるようになった頃でしたから、白い紙を置いてあげると、自分の名前や家族の名前を一生懸命に書いたものでした。そんな娘を見ながら、「こういう姿勢を大切に育てていけば、勉強好きになってくれるかも」と思ったものです。

子供は本来好奇心が旺盛ですから、いろいろなことをしたがります。特に上にきょうだいがいれば、真似をして勉強をしたがる子も多いでしょう。そんな子供たちにとっては、「もじ」や「かず」のプリントなど、大人が「勉強」と呼ぶものであっても、実際には好奇心を満たす遊びの一つにすぎないのです。楽しみながら勉強してくれるのなら、こんなにうれしいことはないですよね。

子供が本当にうれしいのは、「なんでも欲しいものを買ってもらえる」ことではありません。自分に力がつくこと、今までできなかったことができるようになることが、実は一番うれしいのです。

「字が読めるようになる」「計算ができるようになる」「速く走れるようになる」。こういった自分の成長を感じられる事柄は、子供にとっては大きな喜びなのです。

また、お手伝いも同じです。お手伝いでママの力になれるということは、自分が大人の仲間入りをしたような気分を味わうことができるものです。私が小さい頃からのお手伝いをすすめているのは、それが子供自身、自分の成長を感じるきっかけにもなるからです。

勉強に関しても、お手伝いに関しても、親は子供の成長のポイントを見つけて声をかけるようにするといいですね。「もうそんな難しい漢字も書けるんだ」「計算が速くなったよね」「お皿洗うのが上手になったよ」。そんなふうに、声をかけていきましょう。

子供の頑張る気持ちを育てるのは、このような親の言葉なのです。

第5章

ママの不安に答えるQ＆A

Q

腹這いを嫌がり、やらせるとすぐに泣いてしまいます。1日朝昼晩と3回だけ腹這いをチャレンジさせていますが、取り組みの数としては少ないでしょうか？　また無理にやらせて良いものかも悩んでいます。

A

無理させず、子供のペースに合わせましょう

腹這いを嫌がる時期には、無理にさせなくても良いでしょう。成長とともにだんだんできるようになりますので、心配ありません。

また、腹這いにさせているときは、赤ちゃんのそばから離れないようにしてください。ふとんの上などでさせた場合、窒息する危険がありますので、目を離さないようにしてください。

Q

絵本が大好きなようで、読んであげると足をバタバタして喜んでいます。子供は現在０歳なのですが、０歳向けの絵本を読んだ方がいいのか、絵本なら何でもいいのか悩んでいます。今は日本昔話を中心に読んでいます。

A

どんな絵本でも、楽しんでもらえるものならＯＫ！

０歳に限らず、絵本を読んであげているとき楽しそうにしているなら、上の年齢向けの絵本でも大丈夫です。この時期は、口に入れて、よだれで紙が破れないように、ボードブック（厚紙）タイプの絵本がおすすめです。また、ストーリー性のある絵本でなくても、カラフルな絵本、触感を楽しめる絵本、擬音語、擬声語、擬態語などが出てくる絵本もおすすめです。

今は絵本に親しむ時期と考えるといいですね。

Q

児童館へ行っても外に出てすべり台で遊びたがるなど、なかなか絵本と向き合う時間がとれません。絵本の棚に連れて行っても、興味はほかにあるようです。絵本に興味を持ってもらうにはどうしたらいいのでしょうか？

A

興味が生まれるまで待ちましょう

「読んでほしい」という気持ちがないときに、絵本を読み聞かせようとしても、それは無理な話です。体を使った遊びや、ほかの遊びをしたがるときには、そのように対応してあげてください。絵本は寝る前など、読む時間・読むタイミングを決め、その時間になったら読んでもらうのが当たり前というように習慣づけてくださるとよいでしょう。

Q

日中はたくさん活動させ、お昼寝もそんなに長い時間寝かせたり、遅い時間にならないようにはしているのですが、一向に夜早くに寝てくれません。寝かしつけの工夫はありますか。

A

早く寝る環境・習慣づくりをしてあげましょう

日中にしっかり運動させ、お昼寝を短めにしているのに、夜、なかなか寝てくれないというのは困りますね。就寝の30分前には、部屋の灯りを少し暗くするとか、テレビを消すとか、まずは周囲の環境を整えましょう。おふとんに入って添い寝し、読み聞かせをしたり、薄暗くして昔話を素話《すばなし》（絵本を使わない）でしてあげると寝付きが良くなります。

夜型の生活リズムを朝型に変えるには、夜、早く寝かせようとするより、朝、早く起こすことです。そうすると、夜は早めに眠くなります。

Q

スプーンを持たせても遊び出したり投げたりして、自分で食べるのを嫌がります。一緒に手を持って食べさせようとしたらスプーンから手を離します。どうしたらいいですか？

A

焦らず、子どものペースに合わせてチャレンジさせましょう

スプーンを持たせ始める時期には、個人差があります。遊んだり、投げたりするのであれば、まだ、今は時期ではないのでしょう。手づかみで上手に食べられるようになってきた、あるいはスプーンに興味を持ち、触ろうとしてきたら、スプーンで食べさせてみましょう。

Q

一人遊びをしているときにそばを離れると、ぐずって見ていてほしいと訴えます。そばで見ていると10分くらい落ち着いて一人遊びをすることもありますが、おもちゃにすぐに飽きてしまい、１分くらいでイライラし出してぐずることもよくあります。

A

段階を踏んで、一人遊びを楽しめるようにしてあげましょう

一人遊びには、段階があります。お母さんと一緒に遊ぶところから始まり、お母さんがそばにいれば一人でも遊べるというのはその次の段階です。そのうち、多少離れていても、見回せばお母さんが見える状況なら一人で遊べるようになります。なかなか次のステップにいかないというときは、不安な気持ちが強いのかもしれません。しっかり抱きしめてあげたりして、相手をしてあげる時間を増やしてあげるといいですよ。飽きてぐずるときは、「こんな風にすると楽しいよ」などと、おもちゃのいろいろな遊び方を提案してあげましょう。

Q

妹が生まれてから赤ちゃんの真似をして、「バブバブバブバブ」をずっと言っていることがあったり、妹と同じように「だ!」といって指差しをしたりしています。日中は保育園でニコニコ元気に過ごしているみたいなのですが……

A

ぎゅっと抱きしめてあげましょう

赤ちゃん返りは、一人っ子だったときのように、無邪気に親に甘えたい気持ちの裏返しです。多少の愛情不足感から来ている行動ですので、見守ってあげてください。そしてできるときには、ぎゅっと抱きしめてあげるなどして、精神的な安定を図ってあげてください。

Q

次女はパパがいるとパパにくっついています。長女もパパに抱っこをしてもらいたいのに、次女を無理に離すと泣いてしまうため、長女はパパになかなか抱っこしてもらえません。長女はじっとパパのことを見ていてかわいそうなので、私が抱っこしてあげるのですが、パパ、ママと接する時間が偏らない方がいいでしょうか？

A

こっそりお姉ちゃんとパパの時間を確保しましょう

妹さんを無理に離すことが難しいのでしたら、そのままにしておいてあげましょう。お姉ちゃんはママが抱っこしてあげることで、その場はおさめます。そして時間の許すときに、こっそり（妹さんに知られないように）パパとスキンシップをとる時間をつくってあげてください。親としては平等ということをお考えかもしれませんが、どちらにも「あなただけよ」と特別扱いしてあげたほうが愛がうまく伝わり、子育てがスムーズにいきます。「偏らないか」についてはあまり気にしなくてもよいでしょう。

Q

きょうだい二人とも人見知りが激しく困っています。怯えて泣いて私にしがみついて離れません。時間をかけてもパパ、ママ以外の人に全く慣れません。昨日、大勢でピクニックへ行ったのですが、あまりの緊張からか、二人ともおしっこもうんちも5時間近く全くしていませんでした。家に帰り少しして安心したのか、やっとおしっこが出ました。どうしたら克服できるでしょうか？

A

周囲の人と親しくしている姿を見せましょう

子供にとって初対面の人（仮にAさんとします）と打ち解けて親しくなるためには、パパ・ママがAさんと親しく話をしている様子を子供に見せ、警戒心が解けるようにしていくと良いのです。大勢の人の中でも、親が親しくしている人には、徐々に慣れてくるものです。

Q

イヤイヤ期の真っ只中のせいか、すぐに集中力がなくなり、人の話を聞きません。かなり会話も達者になり意思疎通ができる反面、自分がやりたいことばかりを言ってきて、それしかしない、それを曲げないこともあるので困ります。

A

答えを子供に選ばせるようにしましょう

イヤイヤ期のお子さんの対処には途方に暮れることもあるでしょう。それには「〇〇しようね」→「やだ！」というような、NOと言われる声かけではなく、「〇〇と△△、どっちにする？」というように答えを選ばせるようにするといいのです。親の言いなりではなく、子供の意思を尊重する問いかけになるので、比較的スムーズに事が運びますよ。

Q

注意をされるとすねてしまったり、素直に返事ができないことが増えています。初めは怒らず言っているのですが、何度言ってもその調子で、こちらもだんだんイライラしてきてしまうことがあります。何か良い解決法はありますか？

A

言葉や行動で愛を伝えましょう

善悪の判断が正しくできるように育てるためには、ダメなことはダメと言う厳しさが必要ですが、注意する一方ではなかなか素直に受け取ってくれません。注意をするのと同じくらいの頻度で、「生まれてきてくれてありがとう」「あなたがいてくれてお母さん幸せよ」などと伝えてあげると、問題行動は消えていくものです。日頃から、言葉や行動でお子さんにしっかり「愛」を形にして伝えてあげてください。愛が伝わると、びっくりするくらい素直になるものです。

Q

幼稚園の先生より「頼まれたことなどでも嫌だと言わず何でも引き受けて、とても真面目に頑張るので、幼稚園から疲れて帰っているのではないかと心配するところがあります」と言われました。嫌だと思っても主張しないのだと思います。家では自分の意思をしっかり伝えてくれるので気にしたことはないのですが、何か今後気をつけた方がよいことや、心がけるべきことはありますか？

A

「断っていい」「無理しなくていい」と言葉で伝えましょう

幼稚園では、人に頼まれたら何でもやらなくてはいけないと思っているのかもしれませんね。人の期待に応えようと頑張ることは悪いことではありませんが、「自分の気が進まないときは、自分の気持ちを言って断ってもいいのよ」と伝えてあげましょう。頑張り屋さんですので、疲れているのに健気に頑張っている様子が見えたときには、「無理せず休んでいいよ」と伝えてあげましょう。

Q

本人は気に入ったことを何度もしたがるのですが、一方ですぐに飽きてしまいます。飽きる前に違うことに切り替えた方がよいのでしょうか?

A

コツコツ続けられるペースを見つけましょう

気に入ったことを何度もしたがるということですが、例えばプリント学習の場合は、一度に何枚もやるよりも、毎日少しずつコツコツやったほうが力が付きます。1日に10枚まとめてやるより、1日2枚ずつ5日間続けたほうが良いのです。そのほかのことでも飽きるまで何度でもさせるより、2度か3度ぐらいでやめさせて、まだやりたいのに……という気持ちを残して、ほかのことをさせたほうが良いと思います。

Q

語彙の少なさが気になります。例えば、牛を馬と言ったり、朝顔を桜と言ったり……。本物を見せるために動物園や植物園などに足を運んだり、一緒に図鑑を見たりしているのですが、あまり効果はありません。また、幼稚園で何をしたのかを聞いても、それらしい答えは返ってきません。

A

「やまびこ法」で会話をしましょう

お子さんが牛を見て「あ、馬だ！」と言ったら、否定するのではなく、「ほんとだ！牛が１頭いるわね」とさりげなく訂正します。動物園や植物園に連れて行ったり、図鑑を見せたりしているのでしたら、しばらくは根気強く見守ってあげましょう。また、話を伝えることに慣れていない幼いお子さんには「そう（肯定）」＋「１つの質問」という「やまびこ法」で、話を聞き出します。例えば、「今日は誰と遊んだの？」→「○○ちゃん」→「そう、○○ちゃんと遊んだのね。何をして遊んだの？」→「△△」→「そう、△△して遊んだのね。面白かった？」のような具合です。

Q

毎日、大好きな電車の絵を描いては名前も書いてくれます。鏡文字になるものが多く気になっているのですが、教えていくしかないでしょうか？

A

まずは点線、白抜き文字のなぞり書きから

文字の書き始めは、点線や白抜き文字をなぞらせると良いでしょう。その次のステップでは、お手本を見ながら、マスの中に収めるように書かせていくといいですね。自分の名前、お父さんの名前、お母さんの名前、きょうだいの名前、いとこの名前などを、親が手本を書いてやり、それを真似して書かせるのも良いでしょう。初めから小さいマスの中に書くのは難しいことなので、なるべく大きなマスの練習帳を使うといいですよ。

おわりに

人生の先輩から何度も聞かされた「過ぎてしまえば、子育てはあっという間」という言葉は本当でした。3人の子供たちが大きくなった今、ひしひしとそう感じています。

子供が生まれ、家族が増えると、支出も増え、時間も取られ、悩みも増えますが、子供が日々成長していく様子を見る喜びは何物にも代えがたいものです。

そして、子育てに悩みながら過ごした時間は、振り返れば宝物のような日々でした。

子育てとは、人生の中でとても大切なものであるのにもかかわらず、私たちは親になるその日まで、どのように育てたらいいのかという見通しを持つことは、なかなかできません。甥っ子さんや姪っ子さんの姿を通して、あるいは保育士さんなど、普段からお子さんたちと接している方は、ある程度予習ができているかもしれませんが、いざ自分の子となると思った通りにはいかないというのが本当のところのようです。妊娠中に本を読んだり、いろいろと準備をしていても、実際にわが子を目の前にして初めての子育てをしてみると、なかなかうまくいかないものですよね。

私が子供の頃、近所にA教室とB教室という、2つのピアノ教室がありました。そのA教室の先生には息子さんが、B教室の先生には娘さんがいたのですが、A教室の先生の息子さんはB教室に、B教室の先生の娘さんはA教室に習いに行っていたのです。わが子に感情的にならずに教えるのは難しいことだから、先生同士、そのようにしていたのですね。ことほど左様に、自分の子供に何かを教えるというのは、その道のプロであっても難しいことなのです。

私の専門は数学なのですが、息子が中学生の頃、ちょっとした計算問題につまずいているのを見て、「私の子供なのに、なんでこんな問題ができないの……」という気持ちがわき起こったことがあります。親が得意なことを、子供も得意とは限らないのに、自分の子供だと冷静に判断ができなくなってしまうのです。

しかし、私は絵が下手なので、「え～、これ、あなたが描いたの? 既に親を超えたね!!」と、すぐ子供をほめることができました。実は親は、苦手なことがたくさんあるほうが、子供をほめるハードルが低くなり、その結果、お子さんがよく育つのかもしれません。反対に、優秀すぎるお母さんは、ほめるハードルが高いので、そこをあえて低くしてお子さんに接したほうが良い結果になるはずです。

今の親御さんたちが大変だと思うのが、自分の親の子育てを参考にできない面が増えていることです。良きにつけ悪しきにつけ、自分が親にどのように育てられたかは、子育ての参考になります。「してもらって良かったな」と思うことはわが子に実践すればいいですし、「これはいやだったな」と思うことはしなければいいからです。

しかし、2010年の秋に普及し始めたといわれるスマートフォンのように、現在の親が子供の頃にはなかったものがあります。今、子育てをしていく中で、そういったものとどう付き合えばいいのかは、前例がないばかりに皆さん戸惑っておられることと思います。本書で最初にこのような項目を取り上げたのには、前例のない子育てに悩んでいる皆さんのお役に立ちたいと考えたからです。

「育てたように子は育つ」といいますが、自分の今の子育てがうまくいっているかどうか、その答えは、お子さんの口ぐせや表情に表れてきます。イヤイヤ期は、自立へと向かおうとする第一歩ですから、あたたかく見守ってあげればよいのですが、お子さんの口から、「僕なんて……」「私なんてどうせ……」など、自己卑下する言葉が出てくるようであれば、ちょっと問題です。

子供の問題行動は、愛情不足が解消すれば消えてしまうものです。まずはしっかり、親の愛情をお子さんに伝えてあげてください。スキンシップ、優しい言葉をかける、笑顔を見せてあげる、お子さんの話を聞いてあげる、絵本を読んであげる、一緒に何かを（料理をしたり、ジグソーパズルをしたり）することで、親の愛は子に伝わります。

子育ては本来、楽しいものです。毎日、お子さんと向き合う中で、もし悩みが生じたら、本書を参考にしていただけたらと思います。皆さんの子育てが、笑顔あふれるものとなりますよう、心より願っております。

七田　厚（しちだ　こう）

1963年、島根県生まれ。修道高校卒業後、東京理科大学理学部数学科に入学。大学卒業後、1987年に創業者である父・七田眞から引き継ぎ、株式会社しちだ・教育研究所代表取締役となる。代表となってからは、幼児教育に限らず、小学生向け教育の取り組みや海外展開、視聴教材の制作など、次々に新しいことに挑戦することで、「七田式」を日本国内から海外まで広めていった。七田式幼児教育の実践教室は、国内約200教室に加えて世界17の国と地域にも展開している。

現在では自らの子育て経験で得た学びも活かし、「たくさんの親御さんの子育てが楽になるように」という思いから全国各地で講演を行い、子育てに悩む多くの親たちの支持を集めている。

父親との共著に『子どものための右脳学習法86』（ＰＨＰ研究所）、『七田式高速学習の秘密』（実業之日本社）。そのほかの著書に『「子どもの力」を100%引き出せる親の習慣』（ＰＨＰ研究所）、『七田式頭が鋭くなる大人の算数ドリル』（青春出版社）などがある。

忙しいママのための
七田式「自分で学ぶ子」の育て方

2018年9月21日　第1刷発行

著者　七田　厚
発行人　久保田貴幸

発行元　株式会社 幻冬舎メディアコンサルティング
〒151-0051　東京都渋谷区千駄ヶ谷4-9-7
電話 03-5411-6440（編集）

発売元　株式会社 幻冬舎
〒151-0051　東京都渋谷区千駄ヶ谷4-9-7
電話 03-5411-6222（営業）

印刷・製本　日経印刷株式会社

イラスト　タラジロウ
装丁　柳本　慈子

検印廃止

ISBN 978-4-344-91955-6　C0037
幻冬舎メディアコンサルティングＨＰ
http://www.gentosha-mc.com/